Werner Klose Am Roten Forst

Lohberg nahm Gas weg und zog den schweren Wagen scharf in die Kurve, ohne das Tempo zu drücken. Die Kette gelber Glühsteine krümmte sich glimmend ins Dunkel, aus dem die Scheinwerfer dem Wagen eine grelle Bahn schnitten. Mückenschwärme stürzten sich zum Totentanz in das Licht, zerplatzten an Kühler und Scheibe. Es war Spätsommer, schwül, aber Lohberg fühlte sich wohl.

„Armer Hund!“ sagte er, „da hast du jede Sauerei mitmachen müssen. Schlecht eingeteilt, alter Junge!“

Er lachte, trat das Gaspedal durch und warf den Wagen sicher in die Gerade. Freie Bahn dem Tüchtigen, dachte der andere; aber er preßte die Lippen zusammen und ließ Lohberg reden.

„In der Penne, da habe ich dich immer beneidet. Ich war dämlich und faul. Du hattest prima Zensuren und immer noch jede Menge Zeit für deine eigenen Sachen. Was dir spielend glückte, ging mir kaputt. Komisch, was?“

Aber Hansen schwieg. Er hatte Lohberg schon viel zuviel erzählt, und der verglich jetzt behaglich zwischen damals und heute. Ich hätte mich mit Lohberg nicht einlassen dürfen. Auf keinen Fall. Aber der drängte mir seine Hilfe auf. Und hätte ich ihn abweisen dürfen? Lohberg war die Chance, die Chance, die alle anderen bereits genutzt hatten, jeder für sich oder durch Leute wie Lohberg, die stark und erfolgreich waren. Große Leute in großen Wagen. An solche muß man sich halten, wenn man nicht auf der Strecke bleiben will. Krieg, Gefangenschaft – waren doch alle mal auf dem Nullpunkt, aber die anderen hatten sich schneller aufgerappelt als ich. Lohberg ist die Chance, auch für Inge und die Kinder. Schluß mit der stinkenden, spießigen Etagenwohnung, den Nörgeleien im Geschäft, dem täglichen Vorwurf, der mich trifft, wenn ich sie nur sehe, die anderen, die Erfolgreichen. Aber Lohberg hat mir eine Filiale gegeben – tausend Fixum, dazu Provisionen, Prämien, Abschreibungen.

„War auch bei uns damals nicht einfach“, sagte Lohberg, „denk nicht, daß es hier einfach war, sich über Wasser zu halten. Nein, aber natürlich nicht zu vergleichen mit dem, was du mitgemacht hast. Du, ich bin froh, daß ich dich getroffen habe. Weißt du, ich habe Schwein gehabt, damals, und ich habe was gutzumachen. Du, jetzt marschierst du mit Lo[illegible] hier im Süden völlig konkurren[illegible]

Keine Kurve, freie Sicht – Lohberg fuhr Höchstgeschwindigkeit.

„Komisch, und früher war ich die größte Flasche, erst in der Penne und dann beim Kommiß. Der Lohberg, das war die Niete."

Er lachte breit. Sein Wagen fraß sich heulend in die Nacht hinein. Die Scheinwerfer zerschnitten ein Waldstück. Rotweiß ein Kurvenschild, aber Lohberg nahm das Gas nicht weg – er kannte die Strecke genau.

„Hier fahre ich zwei-, dreimal die Woche. Bei Tage triffst du auf der Strecke überall meine Lieferwagen – gelbe Kombis mit roter Schrift: Lohberg. Du, der Name ist hier ein Begriff."

Hansen ließ ihn reden. Der Motor lief auf vollen Touren, aber man merkte es dem schweren Wagen nicht an. Die Scheibe war von Insekten verschmiert. Hansen sah ein rotes Blinklicht, ein Warnschild: Baustelle. Lohberg bog aus. Die Tachonadel schlug nur wenige Striche zurück. Da sah Hansen das schwache Rücklicht eines Radfahrers aufleuchten. Er wollte etwas sagen, aber Lohberg war doch ein sicherer Fahrer. Etwas schlug kurz gegen den Wagen. Der Motor heulte auf, Lohberg gab wieder Gas. Hansen drehte sich kurz um: hinter ihm die Nacht, sonst nichts – das Rückfenster ein schwarzes Loch.

„Verdammte Schlaglöcher!" knurrte Lohberg, und dann sprach er von der Filiale. „Zum Ersten kriegst du deine Wohnung . . ."

Hansen sah sich noch einmal um – der Radfahrer, da müßte doch ein Licht hinter uns sein. Aber Lohberg fuhr hundertzwanzig, und sie waren längst aus der Kurve heraus. Ein großer Garten ist dabei, dachte Hansen, Inge hat sich immer einen gewünscht, für die Kinder.

Lohberg steuerte sicher durch die leeren Straßen der Vorstadt. Er hielt am Portal eines Hotels. „Zimmer auf meinen Namen – es ist alles in Ordnung. Schlaf dich aus, alter Junge! Morgen mußt du frisch sein. Morgen zeige ich dir meinen Betrieb. Also, dann gute Nacht!"

*

Hansen hatte schlecht geschlafen. Er war den Kaffee nicht gewöhnt und die vielen Zigaretten, und er hatte über Lohberg nachgedacht. Nach dem Frühstück nahm er eine Tablette, um den Kopf klar zu haben. Lohberg sollte nicht merken, wie nervös und müde er war. Nachher ging es ganz gut. Toll, was der Lohberg da aufgebaut hatte, lückenlos durchrationalisiert nach amerikanischen Verkaufsmethoden. Ein Kerl, der Lohberg, ein Chef. – Mein

Chef? Ich bin ein Idiot, ich bin undankbar; denn ich kann mich nicht freuen. Und ob ich das durchhalten werde? Liegt mir denn so ein Betrieb? Mensch, darauf kommt es nicht an. Lohberg ist die Chance. Mach was daraus!

Abends fuhr er mit der Bahn zurück. Er kaufte eine Zeitung, um sich abzulenken. Im Abteil saßen zwei Mädchen, die sich mit Büroklatsch vergnügten. Hansen konnte es noch immer nicht fassen: Ich bin ein Chef, kein großer wie Lohberg, aber zehn oder mehr Mädchen wie die beiden dort arbeiten in der Filiale.

Er hatte Zeit, über eine Stunde, und so las er die Zeitung sehr genau, auch den Lokalteil, der ihn sonst nie interessierte. Die Zeitung war ihm fremd, so fremd wie die Stadt, deren Lokalnachrichten er las. Nächste Woche wird es die Stadt sein, in der ich arbeite, die Stadt, in die Inge zum Einkaufen fährt, wo die Kinder spielen und zur Schule gehen. Die Stadt, in der ich endlich zur Ruhe kommen werde. Später als die meisten, aber nicht zu spät. Freilich, es war Zeit geworden: ein Angestellter über Vierzig ist am Ende. Der bleibt, wo er sitzt, und wenn die Krankheiten kommen, schiebt man ihn ab. Arbeitslos oder Rente. Überall sind Leute knapp, aber solche wie mich gibt's genug.

Ein Sportfest – Eröffnung eines neuen Kinos – Direktorenwechsel im Mädchengymnasium – und Unfälle, Unfälle wie jeden Tag, da las man schon drüber weg: Bundesstraße 76, Baustelle am Roten Forst, Radfahrer tödlich verletzt, Fahrerflucht, zweckdienliche Angaben erbeten an ...

Hansen stutzte: das war doch? – Er las die Meldung noch einmal, Zeile für Zeile. Auch die Uhrzeit stimmte! Verdammte Schlaglöcher, hatte Lohberg gesagt, aber als Hansen sich umgedreht hatte, da lag die Nacht, ein schwarzes Loch, im Rückfenster, sonst nichts.

Seine Finger zitterten. Er drückte die Zigarette aus, riß eine neue aus der zerdrückten Packung, kramte nach Feuer, schloß das Fenster wegen der Zugluft, rauchte hastig. Die Büromädchen stiegen aus. Er riß das Fenster auf. Sternenhimmel, über dem Lagerschuppen Baumspitzen – der Rote Forst? Drüben, da lag doch irgendwo die Straße, die sie gefahren waren. Noch einmal las er die Meldung, aber es gab keinen Zweifel. Zweckdienliche Angaben erbeten ...

Lohberg hatte es gar nicht gemerkt. Scheußliche Sache für ihn. Und für mich? Geht mich nichts an. Aber ich müßte ihm doch Bescheid sagen. Ich werde ihn anrufen – nein, bloß nicht am Telefon. Ich werde ihm schreiben. Geht auch nicht – ich habe nur die Anschrift des Büros, und wenn die Sekretärin die Post öffnet . . . Klar, ich muß zurückfahren, gleich morgen. Ich muß mit Lohberg darüber sprechen, unbedingt. Fahrerflucht! Aber ich kann bezeugen, daß er nichts gemerkt hat.

*

Lohberg erhob sich hinter seinem Schreibtisch und kam ihm entgegen, frisch und aufgeräumt. „Alter Junge, dich hat's gepackt, was? Kannst dich von meinem Laden gar nicht trennen, wie? Ein Jammer, daß du noch vierzehn Tage warten mußt." Er lachte breit und schob Hansen einen schweren Sessel zu.

„Also, schieß los! Dachte, du bist schon wieder in deiner alten Klitsche und verkaufst Lodenmäntel. Ausgerechnet Lodenmäntel!" Lohberg amüsierte sich sehr und bot Zigaretten an.

„Du, es ist mir furchtbar peinlich." Hansen stockte und sah zur Seite.

Lohberg kniff die Augen zusammen, daß sich die Backenpolster spannten. Plötzlich lachte er los, lauter als sonst: „Mensch, alter Junge, nicht böse sein! Aber daran hatte ich nicht gedacht. Selbstverständlich, ich schreibe dir sofort einen Scheck aus. Genügen zweitausend? Als Darlehen, wenn du willst. Bei mir verdienst du das spielend wieder herein. Du, die Campingartikel, die du übernimmst, sind ein Bombenschlager. Hol dir das Geld unten an der Kasse. Du kannst es jetzt brauchen, klar."

Hansen wurde übel. Lohberg rauchte Zigarren, schwere schwarze Zigarren, und Hansen hatte nie Zigarrenrauch vertragen.

„Aber, alter Junge, du bist ganz grün im Gesicht." Lohberg stand auf und kam näher. „Wer wird das denn so tragisch nehmen! Warte, ein Kognak stellt dich wieder auf die Füße." Er drückte eine Taste, sprach in ein Mikrophon. Hansen saß da und sagte nichts, er konnte nichts sagen. Ein Mädchen brachte den Kognak, einen Lohberg-Cognac aus dem Versandhaus. Hansen trank. Ihm war schwindlig, doch bald fühlte er sich etwas besser. Er hörte den anderen reden, aber die Stimme kam von weit her. Hansen sah durch das Fenster auf eine Straßenkreuzung. Die Ampel schaltete auf Rot. Baustelle, das Rücklicht des Radfahrers, ein Lebenslicht, schwach und klein. Und ein leichter Schlag rechts, im Rückfenster die Nacht. Aus.

„Entschuldige!" sagte Lohberg, der seinen Sessel angestoßen hatte, als er mit mächtigen Schritten auf und ab ging.

Hansen nahm sich zusammen. „Ich komme nicht wegen Geld", sagte er. „Ich dachte, daß du es selbst in der Zeitung gelesen hast."

Lohberg stand still. Er sah ihn an.

„Was ist los, Hansen?"

Der trank den Rest aus dem Glas.

„Unsere Fahrt gestern – erinnerst du dich an die Baustelle?" Aber er konnte nicht weiter. Er zog die zerknitterte Zeitung aus der Rocktasche und wies auf die Stelle. – Lohberg las und zuckte die Schultern. „Armer Kerl, aber so was passiert nun mal jeden Tag. Wir können da nichts machen."

„Lohberg, aber das war doch dein Wagen! Du hast doch den Schlag auch gespürt."

Lohberg stutzte, aber dann lachte er wieder, lachte das laute und sichere Lachen des Chefs. „Du, sei mir nicht böse, aber es war wohl zuviel für dich. Klar, nach allem, was du durchgemacht hast. Noch einen Kognak? – Also, du denkst, daß ich den Mann totgefahren habe. Mensch, Hansen, ich fahre seit zwanzig Jahren, und ich kann gar nicht mehr erzählen, wie oft ich diese Strecke schon gefahren bin. Natürlich, ich habe die Baustelle gesehen und den Radfahrer auch. Du, der Mann sitzt jetzt zu Hause und macht Mittag. Der fühlt sich wohler als wir beide."

Lohberg trank und goß sich sofort wieder ein. Er war dick und schwitzte leicht.

„Du, der arme Kerl da", Lohberg schob die Zeitung zur Seite, „den hat ein anderer auf dem Gewissen. Mann, wenn ein Radfahrer gegen den Wagen knallt, du, das hört sich anders an."

Hansen stand auf. Einen Augenblick hielt er sich am Sessel fest. „Du hast recht, ich verstehe nichts davon. Aber müßte man nicht doch die Polizei benachrichtigen –?

„Verrückt! So was macht tausend Scherereien, und wir haben mit der Sache sowieso nichts zu tun! Laß die Finger davon und fahr nach Hause! Und das Geld behältst du. Hast genug Ausgaben jetzt. Den Umzug bezahle ich dir übrigens. Heb dir die Belege auf wegen der Steuer!"

Hansen trank aus. Er fühlte sich besser und nahm auch das Geld. „Du, es ist mir schrecklich unangenehm." Aber Lohberg lachte ihn aus.

*

Lohbergs Hochhaus war verwirrend groß und wurde ausgebaut. So verfehlte Hansen den Vorderausgang und geriet in den Hof.

Lieferwagen schwirrten um Verladerampen, die gelben Wagen mit Lohbergs rotem Namenszug. Rechts parkten die Kraftwagen der Angestellten. Hansen lief schnell daran vorbei, wich im Torweg einem Lastzug aus, war auf der Straße und blieb unschlüssig stehen. Drüben, an der Kreuzung, schaltete die Ampel auf Grün. Er beeilte sich, stolperte und blieb wieder stehen. Die Ampel leuchtete gelb, dann rot.

Er drehte sich um, ging eilig durch den Torweg zurück, lief an den Autos vorbei, bis er Lohbergs schweren schwarzen Wagen gefunden hatte. Hinten rechts, dachte er und trat um das Fahrzeug herum. Da richtete sich ein Mann hinter dem Verdeck auf. Hansen zuckte zusammen. Lohberg starrte ihn an, bleich und verstört. Hansen sah an dem anderen vorbei; aber da sah er die Delle im Blech und eine dünne Kratzspur im Lack über den ganzen Kotflügel weg.

Lohberg lachte, aber es war schrecklich, dieses Lachen zu hören.

„Drüben an der Ampel“, sagte er, „da steht immer einer. Geh rüber und sag ihm Bescheid. Na, los, geh doch hin, geh!“

Hansen rührte sich nicht. Nie hatte er sich so geschämt, sich so erbärmlich gefühlt wie hier. Ich bin ein Schwein, dachte er, ein elendes Schwein, weil ich nachschnüffeln und ihn reinlegen wollte. Aber das wollte ich . . .

„Lohberg, du verstehst mich falsch. Nein, es ließ mir nur einfach keine Ruhe, obwohl ich dir doch geglaubt hatte, was du mir oben sagtest . . .“

„Hör auf! — Oben, da hab' ich mir noch selber geglaubt. Du wirst gedacht haben, daß ich mich herausreden wollte, aber ich war ganz sicher. Erst als du weg warst —“, er hob die Hände zum Wagen und schwieg.

Hätte ich dich doch nie getroffen, dachte Hansen. Plötzlich lachte Lohberg wieder laut los. „Lach nicht, bitte, so lach doch nicht!“

Ein Arbeiter, der einen Kanister über den Hof trug, blieb stehen. Als er den Chef erkannte, grüßte er und ging eilig weiter. Lohberg grinste, aber seine Augen glänzten feucht, und auf einmal liefen Tränen über sein grinsendes Gesicht.

„Mensch, wie ein Gespenst sahst du aus, als ich dich gestern traf, aber ich hab' dich erkannt. Und du bist ein Gespenst, wirklich. Hier, das alles hab' ich mir aufgebaut, ganz allein; aber du bist gekommen und hast es mir voll Dreck geschleppt. Es ist genau wie damals in der Penne. Dein Leben ist wieder hübsch rund und glatt.

Aber der Lohberg, der ist fertig, für immer fertig. Fahrerflucht — weißt du, was das heißt!"

„Aber beruhige dich doch, Lohberg. Das ist doch Ehrensache, daß du es nicht gewußt hast, bis jetzt. Du, das will ich beschwören."

„Beschwören wirst du es, natürlich. Und vorher wirst du hingehen, mich anzeigen, und morgen wird es groß in allen Zeitungen stehen. Ich bin erledigt, bin wieder eine Niete, eine Niete wie du!"

Hansen zuckte zusammen. Es war warm und windstill im Hof; aber ihn fror. Er wischte sich über die Stirn, und die feuchten Finger hielten sich am Rockärmel fest. Endlich fiel ihm etwas ein: „Wir sind ja verrückt, wir sind ja beide verrückt. Du, wenn wir nichts sagen, dann ist doch alles in Ordnung. Bloß der Wagen . . ."

Lohberg nahm eine Zigarre aus dem Etui. Das Feuerzeug flammte auf. Die Flamme zuckte über den schwarzschimmernden Lack der Karosserie. Er rauchte hastig. Nach einigen Zügen sagte er: „Das kriegen meine Leute in eigener Werkstatt wieder klar. Da fragt niemand nach." Der Rauch stieg über das Verdeck zu Hansen hin, und der Geruch war ihm nicht unangenehm. Er atmete auf und gab Lohberg die Hand. Eine Frau im schwarzen Kittel kam vorbei. Lohberg winkte ihr zu und lachte wieder wie ein Chef.

„Du", sagte er, „für den Anfang, da leg ich dir noch fünfhundert monatlich zu, klar, alter Junge?"

Hansen fühlte Lohbergs Hand auf seiner Schulter. Er wollte etwas sagen; aber dann wandte er sich plötzlich ab, drängte sich durch den Torweg an den gelbroten Lieferwagen vorbei, stand an der Straße, lief hin und her — was wollte er noch, wohin?

Da sah er den Polizisten stehen, und noch einmal war ihm, als fühle er den Druck von Lohbergs Hand auf seiner Schulter, und er hörte ihn sagen: „. . . fünfhundert monatlich, klar, alter Junge?" Hansen lief weiter, blieb stehen und sah sich um.

„Sie wünschen?" fragte der Wachtmeister.

Marie Luise Kaschnitz Christine

Wie mein Mann ist in der letzten Zeit, ich kann das gar nicht beschreiben. Wie er dasitzt, ganz still mitten im Zimmer, und vor sich hinstarrt und durch einen hindurchstarrt, als wäre da gar nichts, nicht einmal ein Körper mit Armen und Beinen und einem Kleid und einer Schürze, geschweige denn seine eigene Frau.

Schorsch, sage ich, und versuche meiner Stimme einen lustigen Klang zu geben, schau nicht ins Narrenfenster, geh lieber hinaus in den Garten, die Rosen müssen zugedeckt werden, heute nacht gibt es Frost. Ich könnte das natürlich selbst tun oder eines von den Kindern schicken, ich bin keine von den Frauen, die ihren Mann anstellen zu diesem und jenem, und Geschirr abgewaschen hat er noch nie. Es ist mir aber nicht recht, daß er sich hat krank schreiben lassen, weil er gar nicht krank ist, und daß er zu Hause sitzt und auf dumme Gedanken kommt, weil ich schon weiß, was das für Gedanken sind, nicht, was Sie jetzt glauben, oder doch, was Sie glauben, aber so einfach, so alltäglich ist es nicht –

So einfach, so alltäglich, ein Mann von beinahe fünfzig, ein Vater von vier Kindern, und die Frau ein bißchen dick um die Hüften, und er kann sich nicht mehr vorstellen, daß er einmal verrückt vor Liebe war, und wenn er daran denkt, geniert er sich. Aber verrückt vor Liebe, das möchte er einmal wieder sein, noch einmal im Leben sein, wenn auch nur in Gedanken, ja besser nur in Gedanken, weil ohnehin alles so mühsam ist, die Frau paßt auf, und die Kinder passen auf, die Kinder sind groß. Die Gedanken hat man im Strandbad, wenn man da sitzt mit der ganzen Familie und mit dem Frühstückskorb, und sieht die Mädchen auf dem Sprungbrett oder auch auf der Straße, vor dem Fenster, es ist Abend, die Geschäfte schließen, und die Mädchen gehen Arm in Arm. So ist das bei den Männern um fünfzig, das geht vorbei, darüber braucht man sich nicht aufzuregen, und am besten tut man, als bemerke man es nicht. Aber ich rege mich doch auf, wenn mein Mann am Fenster steht, und noch mehr, wenn er mitten im Zimmer sitzt, ohne Zeitung, ohne nichts. Ich rege mich auf, weil ich weiß, was bei ihm dahintersteckt und daß es nicht die Angst vor dem Alter, sondern eine ganz bestimmte Erinnerung ist.

Sehen Sie zu, Frau Bornemann, daß Ihr Mann das alles so schnell wie möglich vergißt, hat der Arzt damals gesagt, unser Hausarzt, den wir eigentlich nur für die Kinder hatten, denn wir beide waren nie krank. Wir waren ja auch noch jung, achtunddreißig und zweiunddreißig Jahre alt, und die Kinder waren noch klein. Mein Mann war damals schon bei Gütermann angestellt, wo er heute noch ist. Wir wohnten aber noch nicht hier, sondern in einer Vorstadtsiedlung, so einer Armeleute-Villenkolonie, kleine Reihenhäuser, die schon zerfallen, ehe sie noch recht fertig sind. Bald nachdem geschehen war, was geschehen ist, ich erzähle es gleich, bald danach also sind wir weggezogen, ich habe darauf gedrängt, das war ja nichts, immer den kleinen Vorgarten sehen und das Asternbeet und die Gitterstäbe, die das Kind mit seinen kleinen, von der Kälte blauen Händen umklammert hat, und eine Strähne von seinem weißblonden Haar hing noch lange am Gitter, und niemand traute sich, sie wegzunehmen und fortzuwerfen.

Natürlich denken Sie jetzt, es wäre eines von unseren Kindern gewesen, dessen Haar da draußen am Gitter gehangen hat, und das mein Mann nicht vergessen kann. Aber eines von unseren Kindern war es nicht. Unsere Kinder sind alle aufgewachsen, sie sind immer kräftig und gut in der Schule gewesen und haben uns Freude gemacht. Ja, auch meinem Mann haben sie Freude gemacht, und niemals hat er sie so angesehen, wie er sie jetzt manchmal ansieht, so gleichgültig und beinahe widerwillig, und manchmal sogar mit einem Ausdruck von Ekel, wie man ein Tier ansieht, ein lästiges, widerwärtiges Tier –

Das war ungefähr vor zehn Tagen, ja, vor zehn Tagen ganz genau. Es war am Sonntag, und weil wir jetzt einen Wagen haben, fahren wir am Sonntag oft den ganzen Tag weg, obwohl wir manchmal lieber zu Hause blieben und die Kinder lieber lange im Bett liegen und nachmittags mit ihren Freunden zusammen sein möchten. Beim Frühstück überlegen wir, wohin wir fahren möchten, und dabei gibt es meistens schon Streit. Die Jungen sind unausgeschlafen und schlecht gelaunt, und die Mädchen haben die Gesichter voll Fettcreme, weil sie behaupten, daß am Sonntag ihre Haut ausruhen muß. Alle Kinder räkeln sich und gähnen, und mein Mann hat die Landkarte vor sich liegen und schlägt dies oder jenes vor, und immer hat einer etwas dagegen, da ist kein Wasser, und dort ist kein Wald, und dort ist es langweilig, und da ist es zu still. Ich versuche, Frieden zu stiften, und ich sage auch, daß die Kinder nicht mit vollem Mund sprechen und ihre Servietten nicht zerknüllt auf den Tisch werfen sollen. Aber ich nehme das alles nicht so wichtig, und mein Mann hat es auch nie so wichtig genommen, nur an dem Tag hat alles ihn geärgert und gestört. Er hat etwas gesagt von schmutzigen Fingernägeln und daß Judith zu dick sei, um lange Hosen zu tragen. Natürlich haben die Kinder widersprochen, Beppo hat erklärt, er könne keine sauberen Nägel haben, wenn er die Kohlen heraufholen müsse, und Judith hat gesagt, von wem hab' ich den Speck auf den Hüften, die Mutti ist auch ganz schön besetzt. Das ist wahr, und es ist auch wahr, daß die Kinder dick und überhaupt schlecht gewachsen sind und daß sie plumpe Finger und breite Gesichter haben. Aber das ist wirklich nicht ihre Schuld. Es ist nicht ihre Schuld, und es ist auch kein Grund, das zu tun, was mein Mann damals getan hat. Nämlich aufzustehen und die Karte hinzuwerfen und zu schreien, dafür, dafür – und aus dem Zimmer zu rennen wie verrückt.

Natürlich weiß ich jetzt ganz genau, was diese Worte – dafür, dafür – eigentlich zu bedeuten hatten. Aber damals wußte ich es noch nicht. Ich blieb am Tisch sitzen und beruhigte die Kinder, die übrigens gar nicht besonders beeindruckt waren, ja, der Jüngste, Uwe, murmelte sogar etwas wie „wohl nicht ganz richtig" vor sich hin. Das war eine Ungezogenheit, aber es schnitt mir auch durchs Herz, weil ich fühlte, daß wirklich etwas nicht ganz richtig war. Wir sind an jenem Sonntag schließlich allein weggefahren, ohne die Kinder. Wir haben einen Spaziergang gemacht und im Wald irgendwo Kaffee getrunken. Mein Mann war die ganze Zeit still und bedrückt. Als wir in dem Waldcafé saßen, wo eine Menge lustiger junger Leute den Nachmittag mit Bootfahren und Tanzen zubrachten, fing er wieder an, die Mädchen ins Auge zu fassen, aber nicht wie einer, der gern auf Abenteuer ausginge, sondern ernst und aufmerksam, als suche er jemanden, eine ganz bestimmte Person. Und dann ging auf einmal ein junges Mädchen an unserem Tisch vorbei, Hand in Hand mit einem jungen Mann, wie das jetzt üblich ist, ein Mädchen mit offenen weißblonden Haaren und einem zarten, fast durchscheinenden Gesicht. Mein Mann richtete sich auf und sah das Mädchen genau an, und dann ließ er seinen Kopf auf die Hände fallen und sagte, das könnte sie sein, mit einer Stimme, die brüchig und hart und verzweifelt klang. Und nun wußte ich mit einem Mal, was er meinte und warum er am Morgen dafür, dafür gesagt hatte und daß all meine Bemühungen umsonst gewesen waren.

All meine Bemühungen, das klingt so feierlich nach Vorsatz und Plan. Ich habe aber niemals bestimmte Vorsätze gehabt und mir nie einen Plan gemacht. Fort, habe ich damals gedacht, fort aus der Wohnung, aus der Gegend, von den Bekannten, ans andere Ende der Stadt. Das war ein Ziel und eine Beschäftigung, und dann habe ich andere Ziele und Beschäftigungen gesucht. Ich war nicht geldgierig, in der kleinen, schäbigen Wohnung war ich ganz zufrieden gewesen, und ich war auch nicht ehrgeizig für meinen

Mann, er sollte nur so viel verdienen, daß die Kinder etwas lernen konnten. Jetzt aber fing ich an zu drängen, er sollte vorankommen, eine leitende Stellung haben. Er saß am Abend über seinen Büchern, das machte ihm Freude. Als er nach ein paar Jahren wirklich Abteilungsleiter wurde und wir am Abend seine Beförderung mit einem Glas Wein feierten, sogar die Kinder weckten, sie anstoßen, trinken und Prosit sagen ließen, fiel mir noch einmal unser alter Hausarzt aus der Siedlung ein, und ich sah meinen Mann an und dachte, er hat es vergessen, wir sind über den Berg. Aber jetzt wußte ich, daß wir nie über den Berg gekommen sind. Denn die Worte dafür, dafür haben bedeutet, für diese Kinder, für diese Frau, für dieses Familienleben habe ich die Schuld auf mich geladen, die kein Mensch mir mehr abnehmen kann. Und als mein Mann angesichts des schönen und zarten Mädchens im Waldcafé sagte, das könnte sie sein, hat er an das Kind gedacht, das einmal vor unserer Gartentür ermordet wurde und das vorher so jämmerlich um Hilfe schrie.

Von einer Schuld meines Mannes kann natürlich gar keine Rede sein. Wenn überhaupt jemand schuld ist, bin ich es. Das habe ich meinem Mann hundertmal gesagt, damals, als die Polizei dagewesen ist und er so etwas wie einen Zusammenbruch hatte, stiere Augen und zitternde Hände und Blasen von Speichel vor dem Mund. Ich habe es auch den Polizisten gesagt, und sie haben versucht, meinen Mann zu beruhigen, und gemeint, wir würden nur als Zeugen vernommen, und als Zeugen waren wir auch bei der Gerichtsverhandlung, und niemand hat meinem Mann je einen Vorwurf gemacht. Wir haben nur sagen müssen, wie es war, so und so, mein Mann war an dem Tag zu Hause, weil er krank gewesen war, nicht wie jetzt, sondern wirklich krank. Er war den ersten Tag aus dem Bett und steht da am Fenster, und ich decke den Tisch ab und sehe auch gerade zum Fenster hinaus. Das Kind kommt auf dem Bürgersteig gerannt, ein dünnes, weißblondes Kind, das wir nicht kennen, und ein großer schwerer Mann, den wir auch nicht kennen, kommt gleich hinterher. Das Kind sieht uns, oder doch wenigstens meinen Mann, und fängt an zu schreien und rüttelt an unserer Gartentür, die aber zu ist, und der Große, Schwere wirft sich über das Kind, greift unter die weißen Haare und legt ihm von hinten die Hände um den Hals. Zwischen dem ersten Hilfeschrei des Kindes und seinem Verstummen vergehen einige Minuten, während derer mein Mann sich umdreht und zur Tür hinaus will, was ihm nicht gelingt, weil ich mich an ihn hänge und die Finger wie Krallen in seinen Ärmel schlage und er mich nicht abschütteln kann. Geh nicht, sage ich ganz heiser vor Schreck und Angst, denk an die Kinder, geh nicht. Und weil ich das sage, bleibt mein Mann, der sich vielleicht hätte losreißen können, einen Augenblick stehen, gerade lange genug, daß der fremde Mann dort draußen dem schreienden Vögelchen die Kehle zudrücken kann. Das alles haben wir vor Gericht gesagt und auch einiges erfahren, nämlich, daß das Kind mit Vornamen Christine hieß und daß es sieben Jahre alt war und erst seit wenigen Tagen in unserer Straße wohnte. Wir haben auch gehört, daß der Mann, der Mörder, ein Verrückter war, der sich von der ganzen Welt verfolgt glaubte, und daß er ein paar Minuten vorher von ganz anderen Kindern gehänselt worden war und gemeint hatte, sich rächen oder vor etwas ganz Unbestimmbarem schützen zu müssen. Aber nun frage ich Sie — was ging *uns* das eigentlich an?

Was geht es dich an, das habe ich damals auch meinem Mann gesagt, und ich habe auch gesagt, daß eine Menge Kinder sterben, solange sie noch klein sind, daß sie überfahren werden oder Kinderlähmung oder die Schwindsucht bekommen, Kinder sterben und Erwachsene sterben, das reißt nicht ab, jede Sekunde stirbt jemand auf der Welt. Jede Sekunde tut jemand seinen letzten Atemzug, und wenn er sich nicht an die Stäbe eines Gartengitters klammert, so klammert er sich an das Leintuch oder an die Erde oder an die Hand, die ihm den Schweiß abtrocknen will. Früh sterben ist Schicksal, sage ich, und wer weiß, was dem Kinde noch geschehen wäre, vielleicht etwas viel Schlimmeres, und obwohl ich selbst das Kind damals ins Haus getragen und sein kleines, angstverzerrtes Gesicht an meine Brust gedrückt habe, sage ich das auch heute noch. Wahrscheinlich wird es Leute geben, die mir das übelnehmen, aber ich kann nichts dafür, daß mir mein Mann nähersteht als ein fremdes, kleines Mädchen, das Christine heißt. Ich kann nichts dafür, daß ich während der ganzen Gerichtsverhandlung nur sein ratloses bleiches Gesicht gesehen habe und daß ich nichts anderes gedacht habe als, mit einem großen Zorn, warum mußte gerade uns das geschehen? Warum mußte das Kind auf unserer Straßenseite gehen, obwohl es doch auf der anderen, der mit den ungeraden Nummern wohnte, und warum mußte der Verrückte es gerade vor unserer Gartentür einholen? Warum mußte es gerade ein Tag sein, an dem mein Mann zu Hause war, und warum mußten wir uns im Wohnzimmer aufhalten, obwohl wir sonst um diese Zeit meistens in der Küche sind? Warum mußte alles so sein, daß mein Mann den Gedanken nicht los wird, daß er das Kind hätte retten können ...

Denn jetzt weiß ich wohl, daß alles, sein Aufstieg im Geschäft und das eigene Haus und das gute Leben, ihn von diesem Gedanken nicht befreien können. Ich weiß, daß er mich haßt, weil ich ihn damals festgehalten habe, und daß er die Kinder haßt, weil sie leben und gesund und kräftig sind. Seit dem Sonntag, an dem wir in den Wald fuhren, beobachte ich ihn unablässig, und manchmal möchte ich ihn schütteln vor Zorn. Wach doch auf, möchte ich schreien, das sind ungesunde Träume, wo kommen wir denn hin, wenn wir uns alles, was geschieht, so nahegehen lassen, man sieht ja an dir, wo wir hinkommen, in die Einsamkeit, in die Schwermut, in das Nicht-ganz-richtig-Sein, denn richtig sein, das heißt doch, alles nehmen, wie es kommt, und das Beste daraus machen und nicht einem Hirngespinst nachhängen, einem Wesen, das man gar nicht gekannt hat und das schon zehn Jahre lang nicht mehr am Leben ist.

Aber manchmal denke ich auch, daß es gar nicht das Schuldgefühl ist, das meinen Mann umtreibt und quält. Ich denke, daß das tote Kind für ihn so etwas bedeutet wie die Anmut und die Schönheit an sich, und weil es so früh gestorben und gar nicht recht mit der Welt in Berührung gekommen ist, ist es auch so geblieben, so anmutig und so rein. Und dann gebe ich im geheimen zu, daß zwar für Frauen alles einen Sinn und Verstand haben muß, daß aber Männer einem Traum nachhängen und traurig sein dürfen über den Wahnsinn und die Unvollkommenheit der Welt. Ich gebe es zu, im geheimen, gerade eben habe ich das getan, als ich in den Garten hinauskomme, und mein Mann steht da und hat wirklich mit Tannenzweigen und alten Säcken die Rosen zugedeckt, und jetzt schaut er die Birke an, die irgendein Ungeziefer hat, das ihr die Blätter zusammenrollt, und macht ein unglückliches Gesicht. Ich sehe ihn an und habe ihn so lieb wie nie im Leben, auch in den ersten Jahren unserer Ehe nicht. Aber ihm das zu sagen, würde ich mich nicht getrauen. Also lege ich ihm nur meine Hand auf den Arm, ganz leicht, und sage, vielen Dank, und er dreht sich nach mir um, erstaunt, aber unfreundlich nicht.

Gerd Gaiser Ein Wespennest

In den Jahren, in denen man späht, eines Tags auf meinem Schulweg fand ich das Wespennest. Ich ging unten am Bahndamm entlang, und von unten, im Falz einer Schiene, fiel es mir auf. Daß es ein Wespennest sei, sagte mir der erste Blick nicht. Aus der eisernen Kehle sproßte es, spröde, langgestielt, einer grauen Tulpe ähnlich. Ich schlich mich an, und im Schotter kniend betrachtete ich lange, vorsichtig das unbekannte Gebilde. Farbe und Beschaffenheit erinnerten an die wunderbaren grauen Seidenkleider der Tante Geheimrätin, auf denen Perlen ruhten. Es rührte sich nicht. Nichts aus dem Gegenstand oder in ihm rührte sich; als ich ihn zu berühren wagte, raschelte er fein, und der Stiel bog sich. Wespennester kannte ich wohl, doch lagen sie in Erdlöchern, wo wir sie mit Schwefelschnitten auszuräuchern pflegten; auch an Dachsparren hatte ich sie schon klumpen sehen, unförmliche, nestartige Ballen. Dieses Gebilde aber war zart und von bestechender Form. Streng und klar, polygonal[1] schlossen sich in dem Kelch die Zellen eine an die andere. Daß der gebrechliche Stengel aus Eisen schoß – aus Eisen, das tot war – und daß es stündlich erzitterte in seiner Zerbrechlichkeit, wenn bloß eine Nagelbreite drüber die Wuchten der Züge wegdonnerten, ich hatte da öfters zugesehen, die Schienen bogen sich in den nachgiebigen Kies – das alles erfüllte mich mit Erregung. Ich beobachtete noch eine ganze Zeit, und da alles still blieb und nichts kam oder ging, so schloß ich daraus, dieses Nest sei verlassen. Ich wagte, es loszumachen. Auf seinem Stengel trug ich es behutsam, wie eine Blume, nach Hause.

In einer Kammer unseres Hauses hatte ich ein Regal mit Beschlag belegt, einst vermutlich bestimmt, Akten aufzunehmen. Seine zahlreichen Fächer eigneten sich für den Aufbau meiner Sammlung. Ich hatte damals schon die verschiedensten Dinge nacheinander gesammelt, ohne daß mein Mühen mich recht befriedigte: Denn mein Streben richtete sich auf das Dauernde, auf die Erhaltung dessen, was meinen Augen bewahrenswert erschien. Aber die Pflanzen, wenn ich sie preßte, entfärbten und entstellten sich; fing ich Tiere und hielt sie, so konnten sie sich nicht an die Behältnisse gewöhnen, die ich ihnen zuwies, sie zeigten Veränderungen, ihre Ausscheidungen verschmutzten das Glas, sie entsprangen oder gingen mir ein; das Töten und Spreizen von Schmetterlingen und Käfern

1 Polygon = Vieleck; polygonal = vieleckig

ekelte mich. So hatte sich mein Verlangen endlich bei Formen beruhigt, die keinem Leben entsprungen oder doch seinen Abläufen nicht mehr unterworfen waren: Steine, Kristalle, Vogelfedern, Drusen[1], Schlangenhäute und Muscheln konnten es sein. Ich überlegte mir, wo mein neuer Fund seinen Platz haben sollte: Endlich schien er mir, seiner Eleganz und der Geometrie seiner Fügung wegen, zwischen einigen Kristallen am besten untergebracht; ich legte ihn zu diesen.

Liebhabereien wechseln rasch in Knabenjahren, und mehrere Wochen hatte ich jene Kammer nicht mehr betreten, als mich eine neue Lust eines Tages zu meinen Schätzen trieb. Da gewahrte ich, ehe ich noch einen Tatbestand unterschied, eine sonderbare Störung. Ich trat näher und erkannte, daß diese Störung von dem Wespennest ausging. Das Wespennest war nicht tot gewesen. Es rührte sich darin. Ich sah einzelne Zellen gesprengt und sah in anderen auskriechende Tiere hängen, dünn, fast durchsichtig, einige im Zustand äußerster Kraftlosigkeit schiebend, andere im Zellenhals verendet. Schon sah ich über das ganze Regal hin Jungwespen sich bewegen, sie krochen zitternd, sie fielen in tiefer gelegene Fächer hinab, auf den Fußboden. Selbst bis zum Fenster waren etliche vorgedrungen, tasteten mit kraftlosen Fühlern am Glas oder lagen verkrümmt auf dem Gesimse. Sie konnten nicht ausbrechen. Es gab keine Nahrung in der kahlen, verschlossenen Kammer. Wohin ich blickte, überall sah ich dieses Leben sich rühren, voll Qual, und sich wieder strekken und enden.

Ein Zittern ergriff mich, das ich nicht zu deuten vermochte. Ich hatte diese Wesen, ohne daß ich von ihnen wußte, an einen Ort gebracht, an dem sie nicht leben konnten, und das Leben zwang sie, auszukriechen und sich zu regen. Alle die sinnlose Bewegung sah ich, dieses Kämpfen und Tasten und Sichschleppen. Da hing es klebrig, verunreinigte meine säuberlichen Anordnungen, krampfte sich ohne Kraft an meine Kristalle und edlen Steinschnecken, die nicht aufbrachen und nichts von sich gaben. Ich sah es mit Angst und Zorn, weil ich nicht wußte, wie ich die Unreinigkeit wieder von meinen Fächern bringen sollte, ich empfand eine Schuld, weil ich das Verhängnis mitbereitet hatte, dann eine Art von Scham, denn ich lebte ja auch. Plötzlich fing ich an, in sinnloser Erbitterung loszuschlagen und die Tiere zu töten, wo ich eines sah. Als ich fertig war, setzte ich mich wie gelähmt draußen auf der Treppe nieder. Ich mochte nicht leben.

[1] Gesteine mit Kristallen

Gerd Gaiser Laß dich doch einmal hinauf

Aus einem Dorf namens Horgenloch, 783 Meter, war (in einem Jahrhundert, welches die Menschen aufklärte und sie lehrte, mit der Natur zu schalten) ein Junge aufs Seminar gekommen; dessen Lehrer hatte sein helles Köpfchen entdeckt und ihm auf die Laufbahn geholfen. Der Junge schlug prächtig ein, daß er eine Freude wurde für die Unterrichtenden und so auch für seine Eltern und die Verwandtschaft, die auf ihn acht hatte.

Damals war die Gemeinde Horgenloch noch ein Dorf und von Leuten bewohnt, die man als Volk bezeichnete. Volk war namenlos, ungeweckt und voll von aufsteigenden Hoffnungen: Wenn einer Lehrer werden sollte, war es ein Aufstieg. Dem Jungen hatte es, denn das lag in der Zeit, unter allen Fächern besonders die Naturlehre angetan; es schwebte ihm als sehnlichster Wunsch vor (denn es gab damals noch auf der Erde etwas zu entdecken), einmal an einer Forschungsreise beteiligt zu sein. Sie nahmen die Geologie[1] durch, und als von Erdfällen und Höhlenbildungen die Rede war, ging ihm durch den Sinn, was da in seiner Heimat etwa vorkäme. Ein Erdspalt fiel ihm ein, der am Rande der sonst langweiligen Markung in einer Tannenschonung gelegen war und den er einmal sonntags mit Spielkameraden aufgesucht hatte. Der Ort hieß Kätherlens Loch, und er sagte sich, froh, dieses Vorkommen benennen zu können, daß Kätherlens Loch unbezweifelbar ein Erdfall[2] sein müsse, um es mit einem Fremdwort zu sagen, eine Doline.

Die Pfingstferien kamen darüber heran, die Zöglinge durften reisen, und der Seminarist reiste auch, weil zugleich eine Kindstaufe in der Verwandtschaft war und die Patin ihm das Fahrgeld geschickt hatte; er stieg aus dem Zug und wurde noch auf der Station, von der es nach Horgenloch zwei Stunden zu gehen war, gesehen in seinem Sonntagsanzug und mit seinem grünen Rucksack auf dem Rücken. Weiterhin begegnete er keiner bekannten Seele, genaugenommen begegnete er überhaupt keinem Menschen mehr und freute sich darüber, weil er nun die Seinigen überraschen würde. Denn die Patin hatte es heimlich angefangen, und niemand außer ihr wußte von seinem Kommen. Er nahm nun auch, damit ihn nicht doch noch vielleicht ein Fuhrwerk überhole, einen Fuß-

1 Die Wissenschaft von der Geschichte der Erde und ihrer Pflanzen- und Tierwelt.
2 trichterförmige Einsenkung der Erdoberfläche

weg, der erst über Schafrasen steil hinauf gegen den Wald führte, und er stieg schnell und leicht, obwohl es ein schwüler Tag war.

Wie er so stieg und lief, fiel ihm wieder Kätherlens Loch ein, das in der Schonung nicht gar so weit ab lag, und der Einfall überkam ihn, es sogleich auszuforschen. Er konnte dann eine Notiz darüber, sozusagen ein Protokoll seiner Begehung, seinem Heft einverleiben. Und schon hatte er seinen Rucksack abgeworfen und im Gebüsch einstweilen versteckt; er drückte sich durch das Dickicht, erhitzt und mit kräftigen Lungen; Nadeln klebten, und der Schweiß perlte auf seinem offenen und gesunden Gesicht. Es war ungefähr die Mittagsstunde, als er die Öffnung erreichte, die unfreundlich sich nach unten auftat; er ließ sich auf die Knie nieder und spähte hinab. Unten war es dunkel; weil aber die Sonne an ihrem höchsten Punkt stand, so fiel ein Fleck Lichts ein und ließ Schotter und schwarz witterndes Erdreich erkennen, auf dem ein winziges, feinfädiges Unkraut wie Schimmel wuchs. Der Seminarist fand, daß es nicht tief sei. Sein eigener Schatten zeichnete sich auch ab, Kopf und Schultern, wie er so über den Rand hineinhing, und rund um den Kopf stand der mattflimmernde Schein, den man auch in Mondnächten um seinen Schatten entstehen sieht.

Er zögerte. Was gar keinen Entschluß bedeutet und unbesehen ausgeführt wird, wenn man Menschen in der Nähe weiß, vor dem warnt oft ein fataler Schrecken, der nicht aus dem Hirn kommt. Dann aber sagte sein heller Kopf dem Jungen, daß Kätherlens Loch ein simpler Erdfall sei, sozusagen ein Lehrbeispiel aus dem Schulbuch, und er schalt sich selbst, daß er so hitzig heraufgedrungen und nun aber eines lächerlichen Unbehagens wegen im Begriff stehe, sich vor seiner Aufgabe davonzustehlen. Er schwang die Beine über den Rand, saß noch einen Augenblick, drehte sich auf den Bauch und ließ sich abwärtsgleiten, indem er mit den Füßen voraustastete. Als er noch mit seinen Ellbogen auf dem Rand lag, fanden seine Füße den Grund nicht. Als er sich noch mit den Händen am Bord festhielt, reichte er auch noch nicht hinunter; und vielleicht hätte er jetzt nicht losgelassen; sein Körper wehrte sich dumm gegen das Loslassen, aber die Sache verhielt sich so, daß er gar keinen rechten Griff besaß; es wäre vermutlich gar nicht möglich gewesen, noch einzuhalten. Da ließ er vollends los und sprang leicht auf, mit den Knien abfedernd wie in der Turnstunde. Es war gar nichts weiter dabei, nur allerdings kam ihm vor, er habe eine geringe Kleinigkeit zu lange in der Luft gehangen. Sogleich bestärkte dies sein Unbehagen, doch sah er die Öffnung sonnenhell über sich und lachte sich aus; und da er nun schon einmal so weit war, wollte er schnell mit dieser Sache zu Ende kommen, bückte sich und versuchte, seinen Bewegungen einen sachverständigen und zweckmäßigen Ausdruck zu geben, wie er jetzt umherspähte. Dabei belästigte etwas seine Kehle, und er schluckte ein paarmal trocken; überhaupt gab es eigentlich nichts zu sehen. Lehm und Schotter wuchsen von unten her an den glatten Wänden, die wenige unbedeutende Spalten zeigten, nur eine der Spalten war etwas breiter und schien schräg abwärts zu führen, doch war da selbst für einen Knaben kein Durchkriechen.

Aus. Jetzt war er fertig und trat zur Mitte zurück, wo es hell herunterflimmerte, und da wußte er plötzlich nicht mehr, wie es nun weitergehe. Es war ganz einfach aus. Das war sehr dumm, denn er stand hier wie unter einer Glocke, nur daß die Glocke in ihrem Scheitel eine Luke besaß. Der Lichtstrahl fiel schräg einwärts in die dämmerige Kühle mit scharf abgezeichneten Rändern. Es gab in einem Lehrbuch die Darstellung eines Kuppelgrabes, eine sauber schattierte Zeichnung, auf der auch ein Lichtstrahl in das Innere einfiel wie in einen Bienenkorb, die Zeichnung hatte seine Bewunderung erregt, er hatte sogar einmal versucht, sie samt diesem so eindrucksvollen Lichtstrahl nachzuzeichnen. Es war das Schatzhaus des Atreus. Oder des Agamemnon?[1] Es handelte sich um Atreus oder Agamemnon. Aber, daß er jetzt unter der Glocke saß, das wurde davon nicht besser. Man konnte auch sagen, daß es ein umgekehrter Trichter war.

War es ein regelrechter Trichter, so konnte man die Wände mit Nägeln und Zehen erklimmen. Aber leider stand der Trichter verkehrt. Selbst eine senkrechte Wand konnte man anspringen, so wie der Hund eine hohe Planke nimmt. Hier aber fielen die Wände durchaus nicht senkrecht, sondern schrägten sich nach oben zusammen; und da, wo sie ansetzten, war es so niedrig, daß ein Mensch allenfalls kauern konnte. Man konnte diese Wände höchstens angehen wie die Fliege das Einmachglas und sinnlos dagegenrennen. Jetzt stand er in der Mitte, da, wo der Lichtfleck fast kreisrund niederfloß, er spürte ihn auf dem Gesicht, die Wärme, und plötzlich spürte er, wie der Fleck schwand. Der Fleck rückte, er hüpfte noch einen Augenblick seitwärts und sprang dann aufwärts zum

1 Atreus und sein Sohn Agamemnon sind Gestalten aus der griechischen Sagenwelt.

Bord, den er golden ränderte. Der Junge sprang auch, er machte einen mächtigen Satz, aber da fehlte etwas. Er sprang ein paarmal, er sprang immer wieder, wie der Dieb nach den Äpfeln springt, die zu hoch am Zweig hängen. Und weil er kopflos zu werden anfing, machte er weiter, raffte ein paar Steine vom Boden und warf.

Die Steine schwirrten, sie fingen Licht und sprühten droben weg wie Käfer, sie waren nicht mehr zu sehen, auch ihren Aufschlag vernahm er nicht. Steine in eine Tiefe zu schleudern, das war weit weniger unheimlich: Sie fielen dann und verschwanden, eine kurze Stille entstand, und dann kam ein Klappern oder Kollern, das Ding war eingetroffen und an seinem Ort. Jetzt aber stand alles verkehrt, diese Steine entfernten sich tonlos, es war nicht nachzuprüfen, ob sie nicht ins Unendliche weiterflogen. Alles verkehrt. Er beneidete diese Steine, die doch fühllos waren und nun leicht hinflogen ins Helle und Warme, das ihnen unnütz war. Er war mächtig, sie dort hinaufzuschicken, aber sich selbst hinterherschicken, das konnte er nicht, obwohl er doch so ein guter Schüler war. Das Naturgesetz. Die Naturgesetze. Der Mensch, forschend und planend. Plötzlich blieb er mit offenem Mund stehen, seine Arme fielen herab, es überkam ihn ein verzweifelter Zorn über diesen häßlichen, unüberlegten Umweg, auf den er sich da begeben hatte, er setzte sich hin, wo er stand. Übrigens verspürte er jetzt auch Hunger, denn seit der Frühe hatte er nichts zu sich genommen, und die Mittagszeit war vorüber. Hunger macht verdrossen und weinerlich, er stellte sich mutlos die Stunden vor, die er jetzt hier aushalten mußte, bis jemand ihn fand in diesem verwünschten Loch. Aber Hunger macht auch schläfrig; so suchte er sich eine Stelle, auf der er sich ausstrecken konnte, und er schlief fast augenblicks ein und schlief; aber ob er eine Stunde geschlafen hatte oder einen Atemzug lang, das wußte er nachher nicht, denn er besaß keine Uhr. Nun trieb der Gedanke ihn auf und erfüllte ihn mit Schrecken ob seines Leichtsinns: Er durfte durchaus nicht einschlafen. Er mußte im Gegenteil wachen und sich durch Rufen bemerkbar machen. Sonst gingen die Leute, die nach ihm suchten, womöglich ganz in der Nähe vorbei und fanden ihn nicht.

Und also schrie er den ganzen Nachmittag und schämte sich manchmal seines Schreiens. Aber solange er schrie, war er noch guten Mutes, es kam ihm jetzt auch auf den Spott nicht an, den ihm der Narrenstreich eintragen mußte. Erst als es Abend wurde, stellte er seine Rufe ein und wollte nur horchen. Denn wenn sie jetzt in der Nacht den Wald abstreiften, so war selbstverständlich, daß sie dabei nach ihm riefen. Und dann mußte er antworten. Ärgerlich nur, daß sie offenbar zunächst in der falschen Gegend suchten. Etwas zu essen wäre jetzt gut gewesen. Hunger macht furchtsam. Unbehagen kroch aus den Winkeln. Da und dort eine huschende, fast undeutbare Bewegung. Aus dem Spalt, der dort irgendwohin ins Unbetretbare führte, kamen Fledermäuse. Sie zackten vor seinem Gesicht vorbei, daß der Luftzug sein Gesicht fächelte, und stiegen dann ganz frei und leicht hinauf.

Er brachte die Nacht hin, horchte immerfort auf das Rufen, gab auch ein paarmal Antwort, aber dann antwortete er nicht mehr, weil er sich vor seiner Stimme ängstigte. Und außerdem hatten sie auch gar nicht gerufen. Einmal nickte er ein, und dann grub der Hunger in ihm, und er fragte sich, was er zur Not essen konnte, wenn es einige Zeit anstand bis zu seiner Befreiung. Konnte er eine Fledermaus jagen und töten? Sind Fledermäuse Warmblütler? Ihn schauderte. Was hier lebte, führte in seinen Säften den Tod wie Gift. Schnecken und Würmer. Sich den Tod anessen. Eine Stunde vor Tag wurde ihm übrigens klar, daß kein Mensch nach ihm suchte.

Es würde auch sobald kein Mensch nach ihm suchen, sie dachten gar nicht daran. Die Patin würde nachfragen, ob er gekommen sei, und da er nicht gekommen war, nun, so hatte es eben vielleicht keinen Urlaub gegeben, sie würden nicht einmal anfragen, denn auf dem Land schreibt man nicht so schnell Briefe, und würden abwarten, bis ein Brief von ihm käme und erklärte, warum er ausgeblieben sei. Und nachher, wenn er im Seminar vermißt wurde, so fragten sie auch dort nicht nach, sondern warteten, daß er sich entschuldige oder krank melde, und ärgerten sich allenfalls, weil die Bauern nicht wußten, was gute Sitte war. Als es hell wurde, fühlte er sich sehr schwach. Aber er nahm jetzt seine Gedanken zusammen und überlegte, was er gehört oder gelesen hatte von Gefangenschaften und von Befreiungen. Darüber wurde ihm nebenbei klar, daß er sich doch hatte ins Bockshorn jagen lassen, denn selbstverständlich suchten sie spätestens heute nach ihm. Wie lange kann ein Mensch eigentlich ohne Nahrung bestehen? Zurück also zu den Befreiungen. In der Regel pflegten Gefangene ihre Kleider in Streifen zu reißen, sie knüpften sich einen Strick aus den Streifen und ließen sich an dem Strick hinab. Und das Seil riß manchmal und ließ den Flüchtenden abstürzen; es wurde daraus ein schöner, poetischer Tod. Zum Beispiel der Magister Frischlin hatte sich von der Feste Urach zu Tode gestürzt, und das Blutströpflein wuchs dort, wo er sein Blut verspritzt hatte, die Kinder suchten das Blümchen und fürchteten sich an dem wehmütigen Ort. Hier aber war es mit dem Hinablassen nichts, hinablassen kann sich der Mensch, aber sich hinauflassen kann er nicht. Hinablassen, sagt er großartig, als ob dabei etwas zu tun wäre. Die Erde schluckt ihn an, und er bremst ein wenig. Das ist das Ganze. Aber laßt euch doch einmal hinauf.

Immerhin, dachte er weiter, unmöglich ist auch nichts. Und dann entzückte ihn der Gedanke mit dem Seil und dem Holzstück. Der Gedanke war sogar prächtig, und die Sache verhielt sich so: Man nahm das Seil und knüpfte es fest um die Mitte eines Prügels, und der Prügel mußte eine Kleinigkeit länger sein als der Einstieg breit war. Und dann mußte man den Bengel hinausschießen und das Seil einholen und so lange spielen, bis der Bengel sich quer legte. Alsdann konnte man an dem Seil hochklettern. Natürlich legte der Bengel sich nicht auf das erste Mal quer, etwas Geduld brauchte man, er gab immer wieder nach und rutschte herunter, sobald das Seil angezogen wurde. Aber einmal verklemmte er sich dann doch und hielt, vielleicht auf das dreißigste Mal oder auf das dreihundertste, das schadete nichts, wenn es nicht sofort klappte. Der wundervolle Augenblick kam; jetzt lag das Holz in der Tat quer, es saß ganz zuverlässig, er zog und zupfte ein paarmal nicht anders als der Angler zupft und anreißt, damit der Haken auch fester beiße, und dann hängte er vorsichtig sein ganzes Gewicht daran, und der Prügel hielt, denn es war ein ganz wunderbarer Prügel, der brach nicht durch, er lag da quer und als ob gar nichts weiter wäre und ließ den Strick niederhängen, der die Rettung bedeutete. Er aber, der Mensch, der nicht aufgegeben hatte, der zäh und mutig gewesen war, er blickte zu dem queren Holz dort hinauf wie zu seinem Gott, der ihn rettete. Und ehe er sich anschickte, kniete er nieder und schluchzte und betete und hielt dabei vorsichtig das Ende des Seils fest, und ein unordentlicher Gedanke durchschoß ihn, das Seil könnte am Ende doch reißen oder das Holz krachen, wenn er seinen Aufzug begann. Aber Gott wird nicht brechen, Gott hält, was er verspricht. Nur schade, daß da kein Seil ist und kein Stecken auch nicht, ach, da ist überhaupt kein –

Der Mensch in dem Loch hielt inne, der Schweiß brach ihm aus, und da er eine fromme Erziehung genossen hatte und seine Gedanken jetzt nicht gehorchten und ihm davonliefen, so glaubte er, daß er in den Klauen des Satans sei, und er sammelte sich mit Anstrengung und betete zu seinem Herrn.

Das stärkte ihn, und er wurde eine Weile wieder getrost und stieß fleißig den Tag über seine Rufe aus. Doch gegen Abend war sein Mund trocken und wüst, ein widerwärtiger Belag in der ganzen Mundhöhle, ein Gefühl wie von ungeputzten Zähnen, und dabei der Durst, und durch und durch fror er. Er versuchte es noch einmal, er versuchte sich zu ergeben darin, daß er offenbar umkommen sollte. Er sprach Lieder und Sterbegebete, die er gelehrt worden war. Seine Ahne hatte er sterben sehen; und er besann sich darauf gut. Die Stube, von Menschen gefüllt mit dem Geruch ihrer Feiertagsröcke, er konnte nur Rücken sehen, das Ängstliche nicht, das ihm diese Rücken verstellten. Hygienische wie psychologische Erwägungen sprachen gegen derartige Versammlungen an Sterbelagern, aber sie waren der Brauch, und so nahm er auch teil und hörte das Murmeln, das Frieden um sich verbreitete und das bange Herz stärkte. Aber plötzlich war das alles taub. Dort in der halbverhüllten Sterbestube hatte es richtig geklungen, und solange es nicht einen selber betraf, jetzt aber war droben und draußen nichts als dieser öde Stangenwald, durch den er heraufgerannt war, er war ja auch noch gerannt, der Narr, er hatte es verflucht eilig, in die Grube zu fahren. Dabei hatte der Körper es gewußt. Der Körper hatte nicht loslassen wollen. Der Geist jedoch, des Menschen Geist – er hätte nicht von zu Hause gehen sollen, nicht gehen, und dann wäre das alles nicht so gekommen, und er hätte auch seinen Glauben behalten. Bis gegen Morgen weinte er viel, er schrie auch, aber das hatte keinen Sinn, zudem fiel es immer schwerer. Er sah Menschen herumsitzen. Ein Schiff stieg aus dem Boden und wiegte ihn.

Stundenlang war er in Bewegung. Er tastete nach Griffen und faßte hängende Wurzeln an. Man mußte Steine aufschichten, auf die Steine treten, und man erreichte den Höhlenbord. Aber es gab nur den kleinen Schotter; der barst auseinander, wenn man den Haufen betrat. Es fehlte nicht viel, kaum eine Armlänge, aber die Armlänge machte es. Er ließ sich fallen und überdachte stumpf, daß er vielleicht länger aushalten konnte, wenn er Bewegungen sparte. Plötzlich durchzog ihn eine krankhafte Erheiterung.

Er sah sich selbst, wie er da krabbelte. Wie ein Insekt, sagte er sich, das ins Glas gefallen ist. Ohne Bedeutung. Zu Hause in der Waschküche war oft eine Spinne, die aus dem Garten kam, in die leere Blechwanne geglitten. Da hockte sie nun still, reckte dann plötzlich ihre acht Beine aus und fing an, sich zu mühen, und dann hörte die Bewegung wieder auf. Vielleicht kam er nach Stunden zurück, da saß das Tier immer noch, was sollte es sonst auch anders, regte sich, krabbelte und saß wieder still. Es hatte keine Gedanken und begriff auch nichts von seiner Lage, es war nur so angelegt, daß es sich mühte und herauskommen wollte. Er vergaß das Tierchen, und kam er vielleicht nach Tagen wieder vorbei, so lag es da als ein schwarzes Knäuelchen, die Beine regten sich nicht mehr, sie waren angekrümmt, wer nicht näher zusah, der hielt es für eine Staubflocke oder ein Bällchen ausgekämmten Haars. Der Junge sah plötzlich die ganze Erde überzogen von solchen Fallen, überall war etwas gefangen und mühte sich ab, stumpfsinnig und verwundert, und zog endlich die Glieder an sich und wurde still. Dann fiel ihm ein, daß dergleichen Vorgänge auch willkürlich herbeigeführt wurden. Man verstümmelte zum Beispiel Gewächse oder rief an Tieren gewisse Reaktionen hervor, um daran zu studieren, und das war notwendig und in Ordnung. Schon wer sich ernährt, zerstört Leben, und wer Leben mehren will, muß anderes Leben opfern und Reaktionen studieren. Jetzt aber war er das Objekt. Wer beobachtete ihn, wer wollte etwas von ihm? Woher und wozu das alles? Es hätte einen Grund haben müssen, daß er hier umkommen sollte. Alles hatte seinen Grund. Ohne Grund, hieß es im Lehrbuch, geschieht nichts, und geschieht etwas, so ist auch ein Grund vorhanden. Lauter Gründe; und alles ganz sinnlos.

Er zitterte, und seine Gelenke zitterten alle, das Kinn fiel ihm herab, denn er war noch jung und konnte nicht lange aushalten; er roch seinen Schweiß, einen elenden, übelriechenden Schweiß wie vor dem Erbrechen, und er ließ das Gesicht in den Staub sinken und lästerte Gott mit schrecklichen Worten und troff von Zoten und nahm Ausdrücke in den Mund, von denen er nicht einmal gewußt hatte, daß er sie beherrschte.

Es dauerte noch einmal eine Nacht und noch eine, wie lange? Sein Geist entflatterte immer öfter, und manchmal kam er zu sich und war ganz helle. Da schämte der Junge sich und geriet in Verlegenheit, daß er auf eine so tölpische Art sterben müsse, einfach spazierengegangen und in ein Loch gesprungen und nichts mehr und aus. Denn er glaubte nicht mehr, daß ihn jemand finden könnte. Wenn jemand ermordet wurde, wie schnell hatten sie da den Täter. In einem zivilisierten Land, sagte der Ortspolizist stolz, kommt niemand mehr unkontrolliert um. Da habt ihr es. Und dafür haben deine Eltern dich aufgezogen. Dafür hast du deine Schularbeiten gemacht –

Indessen, je mehr er hinüberglitt, sah er ein, daß die Erde mächtig war, aber sie konnte sich seiner nicht gänzlich bemächtigen. Er war gefallen, aber in einen Willen, der dies alles bewegte. Sinnloser Wille, was aber hatte Sinn? Sinn ist von Menschen. Er wollte des Willens sein. Dein Wille geschehe, sagte er öfters und war nur noch schattenhaft da. Und natürlich schrie er auch noch ein paarmal, aber es war nicht mehr viel Ton in ihm, und er wußte von sich immer weniger.

Elisabeth Langgässer Untergetaucht

„Ich war ja schließlich auch nur ein Mensch", wiederholte die stattliche Frau immer wieder, die in der Bierschwemme an dem Bahnhof der kleinen Vorortsiedlung mit ihrer Freundin saß, und schob ihr das Möhrenkraut über die Pflaumen, damit nicht jeder gleich merken sollte: Die hatte sich was gegen Gummiband oder Strickwolle aus ihrem Garten geholt, und dem Mann ging das nachher ab. Ich spitzte natürlich sofort die Ohren, denn obwohl ich eigentlich nur da hockte, um den „Kartoffelexpreß", wie die Leute den großen Hamsterzug nennen, der um diese Zeit hier durch die Station fährt, vorüberklackern zu lassen – er ist nämlich so zum Brechen voll, daß ein Mann, der müd von der Arbeit kommt, sich nicht mehr hineinboxen kann – also, obwohl ich im Grund nur hier saß, um vor mich hin zu dösen, fühlte ich doch: Da bahnte sich eine Geschichte an, die ich unbedingt hören mußte; und Geschichten wie die: nichts Besonderes und je dämlicher, um so schöner, habe ich für mein Leben gern — man fühlt sich dann nicht so allein.

„Am schlimmsten war aber der Papagei", sagte die stattliche Frau.

„Nicht die grüne Lora, die wir jetzt haben, sondern der lausige Jacob, der sofort alles nachplappern konnte. ‚Entweder dreh' ich dem Vieh den Hals um, oder ich schmeiße die Elsie hinaus', sagte mein Mann, und er hatte ja recht – es blieb keine andere Wahl."

„Wie lange" fragte die Freundin (die mit dem Netz voll Karotten), „war sie eigentlich bei euch untergetaucht? Ich dachte damals, ihr wechselt euch ab – mal diese Bekannte, mal jene; aber im Grunde keine länger als höchstens für eine Nacht."

„Naja. Aber wie das immer so geht, wenn man mit mehreren Leuten zugleich etwas verabredet hat: Hernach ist der erste ja doch der Dumme, an dem es hängenbleibt, und die anderen springen aus, wenn sie merken, daß das Ding nicht so einfach ist."

„Der Dumme?" fragte die Freundin zweifelnd und stützte den Ellbogen auf. „Das kannst du doch jetzt nicht mehr sagen, Frieda, wo du damals durch diese Elsie fast ins Kittchen gekommen bist. Schließlich muß man ja heute bedenken, daß dein Mann gerade war in die Partei frisch aufgenommen worden und Oberpostsekretär. Was glaubst du, wie wir dich alle im stillen bewundert haben, daß du die Elsie versteckt hast, zu so was gehört doch Mut!"

„Mut? Na, ich weiß nicht. Was sollte ich machen, als sie plötzlich vor meiner Tür stand, die Handtasche über dem Stern? Es schneite und regnete durcheinander, sie war ganz naß und dazu ohne Hut; sie mußte, wie sie so ging und stand, davongelaufen sein. ‚Frieda', sagte sie, ‚laß mich herein — nur für eine einzige Nacht. Am nächsten Morgen, ich schwöre es dir, gehe ich ganz bestimmt fort.' Sie war so aufgeregt, lieber Himmel, und von weitem hörte ich schon meinen Mann mit dem Holzbein die Straße herunterklappern —, aber nur für eine einzige Nacht', sagte ich ganz mechanisch, ‚und weil wir schon in der Schule zusammen gewesen sind.' Natürlich wußte ich ganz genau, daß sie nicht gehen würde; mein Karl, dieser seelensgute Mensch, sagte es schon am gleichen Abend, als er mir das Korsett aufhakte und dabei die letzte Fischbeinstange vor Aufregung zerbrach; es machte knack, und er sagte: ‚Die geht nicht wieder fort.'"

Beide Frauen, wie auf Verabredung, setzten ihr Bierglas an, bliesen den Schaum ab und tranken einen Schluck; hierauf, in einem einzigen Zug, das halbe Bierglas herunter, ich muß sagen, sie tranken nicht schlecht.

„Es war aber doch wohl recht gefährlich in eurer kleinen verklatschten Siedlung, wo jeder den anderen kennt", meinte die Freundin mit den Karotten. „Und dazu noch der Papagei."

„Aber nein. An sich war das gar nicht gefährlich. Wenn einer erst in der Laube drin war, kam keiner auf den Gedanken, daß sich da jemand versteckt hielt, der nicht dazugehörte. Wer uns besuchte, kam bloß bis zur Küche und höchstens noch in die Kammer dahinter; alles übrige war erst angebaut worden — die Veranda, das Waschhaus, der erste Stock mit den zwei schrägen

Kammern, das ganze Gewinkel schön schummrig und eng, überall stieß man an irgendwas an: an die Schnüre mit den Zwiebeln zum Beispiel, die zum Trocknen aufgehängt waren, und an die Wäscheleine. Auch mit der Verpflegung war es nicht schlimm, ich hatte Eingemachtes genug, der Garten gab so viel her. Nur der Papagei: ‚Elsie' und wieder ‚Elsie' – das ging so den ganzen Tag. Wenn es schellte, warf ich ein Tischtuch über den albernen Vogel, dann war er augenblicks still. Mein Mann, das brauche ich nicht zu sagen, ist wirklich seelensgut. Aber schließlich wurde er doch ganz verrückt, wenn der Papagei immerfort ‚Elsie' sagte; er lernte eben im Handumdrehen, was er irgendwo aufgeschnappt hatte. Die Elsie, alles was recht ist, gab sich wirklich die größte Mühe, uns beiden gefällig zu sein – sie schälte Kartoffeln, machte den Abwasch und ging nicht an die Tür. Aber einmal, ich hatte das Licht in Gedanken schon angeknipst, ehe der Laden vorgelegt worden war, muß die Frau des Blockwalters, diese Bestie, sie von draußen gesehen haben. ‚Ach', sagte ich ganz verdattert vor Schrecken, als sie mich fragte, ob ich Besuch in meiner Wohnküche hätte, ‚das wird wohl meine Cousine aus Potsdam gewesen sein.' ‚So? Aber dann hat sie sich sehr verändert', sagt sie und sieht mich durchdringend an. ‚Ja, es verändern sich viele jetzt in dieser schweren Zeit, Frau Geheinke', sage ich wieder. ‚Und abends sind alle Katzen grau.'"

„Von da ab war meine Ruhe fort; ganz fort wie weggeblasen. Immer sah ich die Elsie an, und je mehr ich die Elsie betrachtete, desto jüdischer kam sie mir vor. Eigentlich war das natürlich ein Unsinn, denn die Elsie war schlank und zierlich gewachsen, braunblonde Haare, die Nase gerade, wie mit dem Lineal gezogen, nur vorne etwas dick. Trotzdem, ich kann mir nicht helfen – es war wirklich ganz wie verhext. Sie merkte das auch. Sie merkte alles und fragte mich: ‚Sehe ich eigentlich ‚so' aus?' ‚Wie: so?' entgegnete ich wie ein Kind, das beim Lügen ertappt worden ist. ‚Du weißt doch – meine Nase zum Beispiel?' ‚Nö. Deine Nase nicht.' ‚Und die Haare?' ‚Die auch nicht. So glatt wie sie sind.' ‚Ja, aber das Löckchen hinter dem Ohr', sagt die Elsie und sieht mich verzweifelt an, verzweifelt und böse und irr zugleich – ich glaube, hätte sie damals ein Messer zur Hand gehabt, sie hätte sich und mich niedergestochen, so schrecklich rabiat war sie. Schließlich, ich fühlte es immer mehr, hatte ich nicht nur ein Unterseeboot, sondern auch eine Irre im Haus, die sich ständig betrachtete. Als ich ihr endlich den Spiegel fortnahm, veränderte sich ihre Art zu gehen und nachher ihre Sprache – sie stieß mit der Zunge an, lispelte und wurde so ungeschickt, wie ich noch nie einen Menschen gesehen habe: kein Glas war sicher in ihren Händen, jede Tasse schwappte beim Eingießen über, das Tischtuch war an dem Platz, wo sie saß, von Flecken übersät. Ich wäre sie gerne losgewesen, aber so wie ihre Verfassung war, hätt' ich sie niemand mehr anbieten können – der Hilde nicht und der Trude nicht und erst recht nicht der Erika, welche sagte, sie könne auch ohne Stern und Sara jeden Menschen auf seine Urgroßmutter im Dunkeln abtaxieren. ‚Ja', fragte die Elsie. ‚Ganz ohne Stern? Jede Wette gehe ich mit dir ein, daß man dich auch für ‚so eine' hält, wenn du mit Stern auf die Straße marschierst – so dick und schwarz, wie du bist.' Von diesem Tag an haßten wir uns. Wir haßten uns, wenn wir am Kochherd ohne Absicht zusammenstießen, und haßten uns, wenn wir zu gleicher Zeit nach dem Löffel im Suppentopf griffen. Selbst der Papagei merkte, wie wir uns haßten, und machte sich ein Vergnügen daraus, die Elsie in den Finger zu knappern, wenn sie ihn fütterte. Endlich wurde es selbst meinem Mann, diesem seelensguten Menschen, zuviel, und er sagte, sie müsse jetzt aus dem Haus – das war an demselben Tag, als die Stapo[1] etwas gemerkt haben mußte. Es schellte, ein Beamter stand draußen und fragte, ob sich hier eine Jüdin namens Goldmann verborgen hätte. In diesem Augenblick trat sie vor und sagte mit vollkommen kalter Stimme: Jawohl, sie habe sich durch den Garten und die Hintertür in das Haus geschlichen, weil sie glaubte, das Haus stünde leer. Man nahm sie dann natürlich gleich mit, und auch ich wurde noch ein paarmal vernommen, ohne daß etwas dabei herauskam, denn die Elsie hielt vollkommen dicht. Aber das Tollste war doch die Geschichte mit dem Papagei, sage ich dir."

„Wieso mit dem Papagei?" fragte die Freundin, ohne begriffen zu haben.

„Na, mit dem Papagei, sage ich dir. Die Elsie nämlich, bevor sie sich stellte, hatte rasch noch das Tischtuch auf ihn geworfen, damit er nicht sprechen konnte. Denn hätte er ‚Elsie' gerufen: na, weißt du – dann wären wir alle verratzt."

„Hättest du selber daran gedacht?" fragte die Freundin gespannt.

„Ich? Ich bin schließlich auch nur ein Mensch und hätte nichts andres im Sinn gehabt, als meinen Kopf zu retten. Aber Elsie –

[1] Gestapo = Abkürzung für Geheime Staatspolizei

das war nicht die Elsie mehr, die ich versteckt hatte und gehaßt und am liebsten fortgejagt hätte. Das war ein Erzengel aus der Bibel, und, wenn sie gesagt hätte: ‚Die da ist es, diese Dicke, Schwarze da!' – Gott im Himmel, ich wäre mitgegangen!"

Na, solch 'ne Behauptung, sagen Sie mal, kann selbst einem harmlosen Zuhörer schließlich über die Hutschnur gehen. „Und der Jacob?" frage ich, trinke mein Bier aus und setze den Rucksack auf. „Lebt er noch, dieses verfluchte Vieh?"

„Nein", sagte die dicke Frau ganz verblüfft und faßt von neuem nach den Karotten, um die Pflaumen mit dem Karottenkraut ringsherum abzudecken. „Dem hat ein Russe wie einem Huhn die Kehle durchgeschnitten, als er ihn füttern wollte und der Jacob nach seiner lausigen Art ihm in den Finger knappte."

„Böse Sache", sagte ich, „liebe Frau. Wo ist jetzt noch jemand, der Ihren Mann vor der Spruchkammer . . . (eigentlich wollte ich sagen: ‚entlastet', doch hol es der Teufel, ich sagte, wie immer:) entlaust?"

Hans Bender Iljas Tauben

Mein Leutnant hatte immer Hunger. Wenn er nicht schoß, hatte er ein Stück Brot zwischen den Zähnen, ein Wurstbrot, ein Schmalzbrot, Fleisch oder Speck.

Aber nichts aß er lieber als Tauben. Wenn wir durch die Dörfer marschierten und auf einem Dach oder in der Luft zeigte sich eine Taube, schoß er sie ab. Das machte auch mir Spaß. Ich hatte ein Gewehr mit einem Zielfernrohr und traf immer. Das Geschoß des Infanteriegewehrs war eigentlich zu groß für den kleinen Körper. Die Federn flogen in Büscheln davon, und der Balg war meist völlig zerrissen.

Ich war der Bursche des Leutnants. Ich mußte die Tauben auch braten. Ich hatte da meine eigene Methode. Ich nahm sie aus, rupfte sie und legte sie in einen Topf, in dem ein Klacks Butter zerschmolz, dazu Salz, Pfeffer und, wenn ein Garten in der Nähe war, ein Bündel zerschnittener Petersilie. Nach zehn Minuten brutzelte die Taube. Ich drehte sie um. Nach zwanzig Minuten war sie auf beiden Seiten braun, und der Duft hob den Deckel. Ich legte sie auf einen Teller und brachte sie dem Leutnant. Ich strich mit einem Stück Brot die Topfwände und den Topfboden sauber.

In Sewastopol hatten wir, gleich in den ersten Tagen, hohe Ausfälle. Als wir noch zwölf waren, zog uns der Kommandant heraus und schickte uns an die entgegengesetzte Küste der Krim, wo wir eine Schutzstellung besetzten und uns erholen sollten.

In dem Dorf Ossowiny stiegen wir von den Fahrzeugen. An der Straße stand eines dieser waschblau gekalkten russischen Häuser. Es hatte blanke Fensterscheiben. Immer, wenn ich Quartier suchte, sah ich nach den Fensterscheiben, denn wie die Scheiben waren ihre Bewohner und die Zimmer.

Auch der Leutnant sah wie hypnotisiert nach dem Haus. „Da schau", sagte er und zeigte mit dem Stöckchen nach dem Dach. Auf den Schindeln saßen etwa zwei Dutzend gutgenährter Tauben mit geplustertem Schwanz.

„Hier bleiben wir", sagte er zu mir. Und zu den anderen sagte er: „Sucht euch was in der Nähe!"

Wir ließen unser Fahrzeug, einen Panjewagen mit zwei Pferden, vor der Gattertür halten, zerrten das Gepäck herunter und gingen in den Hof. Links lag das Haus, rechts ein Garten mit Rosenbüschen, Kartoffelbeeten und Zwiebelstauden. In der Mitte, geradeaus, stand ein gemauerter Herd, daneben aufgeschichtet getrocknete Kuhmistfladen, das Holz der waldarmen Krim.

Die Frau fanden wir in der Küche. Als sie uns verstanden hatte, öffnete sie eine Tür im Flur, ging hinein und begann das Zimmer aufzuräumen, ein großes Zimmer mit einem Tisch, mit Stühlen und zwei Eisenbetten voller Kissen. An der Wand hingen ein Spiegel, mit Papierblumen verziert, Heiligenbilder, eine Ampel und alte Fotografien. Wir zogen die Röcke und Hosen aus und warfen uns auf die Betten.

Der Leutnant rüttelte mich aus dem Schlaf. „Ich habe Hunger." Ich stand auf und schnallte meine Töpfe vom Tornister.

„Du hast doch die Tauben gesehen", sagte er.

„Klar –"

„Sagen wir vier Stück. Für mich drei und für dich eine."

„Also vier Tauben."

„Ja, vier Tauben", sagte er.

Als ich in den Hof kam, kniete die Frau vor dem Herd und hielt einen eisernen Topf über das Feuer. Eine unkenntliche Masse verschiedener Gemüse kochte darin. Ich sah ihr zu, sagte einige Worte, die sie zum Lachen bringen sollten, aber sie lachte nicht. Ein Mädchen kam aus dem Haus, ihre Tochter, mit dem schönen Namen

Tarsia. Ein Junge kam mit ihr, Nikola, ihr Bruder. Sie begafften mich, wie das so war. Die Frau sagte, wir könnten etwas von ihr bekommen. „Danke“, sagte ich, „bei uns gibt es was Besseres!“ Mein Leutnant und ich hätten heute abend Appetit auf Tauben. Fragende, erstaunte Gesichter. „Was ist das?“

Ich sprach einigermaßen russisch, aber das Wort für Tauben wußte ich nicht. Da sie im Schlag waren, konnte ich nicht nach ihnen zeigen, also markierte ich Tauben. Ich hatte schon da und dort Erfolg mit meinen Tierimitationen, bei der Weihnachtsfeier der Kompanie, bei Offiziersabenden im Kasino. Allerdings waren andere Tiere, Schafe, Ziegen oder Affen, leichter nachzuahmen als gerade Tauben. Trotzdem, ich versuchte es. Ich ging in die Hocke, hielt meine gestreckten Finger als radähnlichen Schwanz über den Hintern, hopste im Hof umher, blähte meinen Hals und gurrte.

Aber die drei lachten nicht. Und als sie nicht mehr daran zweifelten, was ich meinte, schrien sie durcheinander wie die Wilden. Ich fragte: „Was ist daran so schlimm? Haben andere Soldaten, die vorher da waren, sich nicht auch geholt, nach was sie Lust hatten? Schließlich ist Krieg.“

Tarsia sagte: „Du darfst alles nehmen, was wir haben, nur nicht die Tauben. Die Tauben gehören nicht uns. Die Tauben gehören Ilja, meinem Bruder. Er kämpft in Sewastopol.“

Gewiß, ich war beeindruckt. Aber was sollte ich meinem Leutnant sagen? – Ich zeigte ihnen mein Verständnis. „Ja, ja, Iljas Tauben, ich nicht Iljas Tauben. Offizier! Versteht ihr? Offizier Tauben essen!“

Ich ging zur Scheune, die offenstand, um über die Leiter ins Gebälk zu steigen und von da an den Schlag zu kommen. Die Frau durchschaute mich. Sie lief an mir vorbei, stellte sich vor die Leiter und hielt sich mit den Händen rückwärts an den Holmen fest. Ich versuchte sie wegzureißen. Es war nicht zu schaffen. Der größte Widerstand waren ihre Augen. Auch Nikola begriff. Er hob eine Sense vom Boden auf –

Ich gab nach.

Am nächsten Morgen kamen Befehle. Die Küste entlang mußten Stellungen ausgehoben werden. Der Leutnant war den Tag über unterwegs. Am Abend kam er müde zurück. Ich hatte zwei Tauben von einem anderen Dach geschossen und briet sie, während Iljas Tauben mich umflatterten.

Ich liebte und haßte diese Tauben. Sie gehörten einem, der eigentlich in der gleichen Lage war wie ich. Er war Soldat, er war weit weg von daheim. Seine Mutter hütete die Tauben für ihn. Nein, ich hätte keine schlachten können, und sie merkten das sogar. Sie waren frech, übermütig. Sie flogen auf den Hof herab und saßen vor meinen Füßen, bettelten, gurrten und ruckten. Sie flogen auf den Gartenzaun, pickten in den Beeten, flogen auf die Flugbretter vor dem Schlag, flogen zurück, setzten sich auf den Herd und guckten in den Topf, in dem die Nachbartauben brutzelten. Zwei oder drei waren darunter, die sich beim Flug überschlagen konnten. Es waren schöne, junge Tauben, Pfauentauben, Kropftauben und Türkische Tauben, die ich noch nie gesehen hatte.

Wir wohnten etwa zehn Tage im Haus, als Nikola eines Morgens nach Baksi fuhr. Er wollte dort Verwandte besuchen und einen Sack Gemüse hinbringen. Vierzig Kilometer waren's nach Baksi. Es war ein größerer Ort, in dem unsere Stäbe und Verpflegungsdepots lagen. Das Proviantauto nahm Nikola mit. Am Abend kam er zurück. Er lief durch den Hof in die Küche. Drinnen entstand großes Geschrei. Bald darauf kam die Frau in unsere Stube, zum ersten Male, seit wir da wohnten. Sie erzählte mit vielen Worten und Gesten, Nikola habe in Baksi Ilja gesehen! „Er ist gefangen von euch Deutschen. – Jetzt ist er in einem Lager in Baksi. – In Baksi! So nahe von hier! Sicher kann der Herr Offizier Ilja von dort nach Hause holen. Ich will meinen Ilja sehen, umarmen und nicht mehr fortlassen. Ich gebe alles, was der Herr Offizier sich wünscht. – Ich gebe ihm die Hühner und die Ziegen, die Kartoffeln, das Mehl, das Rosenöl und aserbeidschanischen Tee. Auch die Ikonen, die ich versteckt habe und die von den Offizieren so begehrt sind, und ein seidenes Tuch, eine goldene Brosche und – die Tauben, ja, Iljas Tauben."

Ich übersetzte, und der Leutnant sagte zu mir: „Was machen wir Gauner nicht alles für Tauben!" Und zu ihr sagte er: „Hör auf, Alte, du kriegst deinen Ilja. Morgen ist Sonntag. Wir fahren hin und bringen ihn dir. Hierher. Ja, hierher. Du wirst inzwischen hübsch seine Täubchen zubereiten, verstanden?"

Sie verstand die Worte, aber sie verstand nicht den Ton der Worte. Sie fiel vor ihm auf den Fußboden, sie heulte und küßte seine Stiefel ab.

Tarsia zeigte uns Iljas Fotografie. Er trug eine Marineuniform, ein weiß-blau gestreiftes Hemd und eine Mütze mit dem Band der

Schwarzmeerflotte. Er hatte vorstehende Backenknochen und gekniffene, freche Matrosenaugen.

Ich redete dem Leutnant zu. Ich sagte, wir könnten Ilja vielleicht als Hilfskoch anfordern oder als Arbeitskraft für den Stellungsbau.

„Du Idealist“, sagte er.

Ja, ich war ein Idealist! Ich hatte verrückte Ideen in der Nacht, am Morgen und auf der Fahrt nach Baksi. Ich wollte Ilja durch einen Streich, durch eine Tat befreien, wenn der Leutnant wirklich so gemein wäre und die Affäre als einen Spaß betrachtete.

Es war ein prächtiger Krim-Morgen. Ein klarer Himmel. Kalte Schatten und flammende Sonnenstrahlen. Im Westen immer das Jailagebirge, wie Backenzähne. Auch Nikola fuhr mit. Er hatte den Leutnant darum gebeten. Er war gewaschen und hatte den Kamm durch das nasse Haar gezogen.

In Baksi, erfuhren wir, waren viertausend Gefangene. Man hatte sie in der ehemaligen Schule untergebracht. Stacheldrahtrollen waren um den Zaun gelegt, Maschinengewehre aufgebaut. Wir hielten. Der Leutnant nahm mir die Zügel weg und sagte: „Steigt ab, ihr Befreier, und sucht den Kerl. In einer Stunde bin ich wieder zurück.“

„Sie gehen zum Kommandanten?“

„Du stellst dir alles so einfach vor“, sagte er und schlug auf die Pferde ein.

Er hatte Nikola und mich vor dem Eingang des Lagers abgesetzt. Das war ein vergittertes Tor, daneben eine Baracke, ein Posten, einer vom Wachbataillon, ein Dicker in schmuddliger Uniform, in Schnürschuhen und Gamaschenhosen.

„Was willst du?“ fragte er.

„Ich muß ins Lager, einen Gefangenen suchen.“

„Verboten.“

„Es ist ein Sonderfall. Der Bruder des Kleinen da ist im Lager. Er will ihn nur sehen.“

Der Posten tippte mit dem Zeigefinger an die Stirn. „Bei dir piept's wohl?“

„Mein Chef ist beim Kommandanten. Er wird ihn anfordern, als Arbeitskraft!“

Aber auch das machte keinen Eindruck. Ich beschimpfte ihn, und er holte seinen Feldwebel aus der Baracke. Der vertrieb uns.

Wir gingen den Stacheldraht entlang, und Nikola entdeckte

seinen Bruder. Er saß im Schneidersitz auf der Erde. Als Nikola ihn anrief, stand er auf und kam zu uns her. Nikola rief die aufregenden Neuigkeiten über den Zaun. Ilja sprach wenig. Manchmal lächelte er.

„Wie geht es meinen Tauben?" fragte er.

„Gut, sehr gut", sagte Nikola. „Sie leben alle noch. Der Offizier wollte sie essen, aber Mamuschka hat es nicht zugelassen."

„Füttere sie gut", sagte Ilja, „und wenn ich nicht wiederkomme, gehören sie dir."

Nach einer Stunde kam der Leutnant zurück. Er hatte getrunken. Immer, wenn er vom Verpflegungsdepot kam, hatte er getrunken.

„Marsch, ihr beiden", empfing er uns, „wir fahren!"

„Was wird mit ihm?"

„Mit wem?"

„Ilja! Wir müssen ihn mitbringen. Wir dürfen nicht ohne Ilja –"

„Ilja! Ilja! Laß mich endlich in Ruhe damit."

„Sie haben es seiner Mutter versprochen!"

„Versprochen, ja. Aber Gefangene lassen sich nicht auslösen. Zudem werden sie heute nacht abtransportiert. Weg. Heim ins Reich. Dort haben sie's besser. Verstehen, Nikola, dein Bruder Ilja nach Deutschland. Nix domoi. Germania domoi."

„Ich verstehe, Offizier", sagte Nikola.

Auch Ilja hinter dem Stacheldraht begriff. Er drehte sich um und ging langsam in das Schulgebäude.

Iljas Mutter und Tarsia standen unter der Tür, als wir anfuhren. Sie trugen ihre Sonntagskleider. Nikola erzählte ihnen, was vorgefallen war.

Ich spannte aus, fütterte, tränkte, putzte die Stiefel, wusch mich, ließ mir viel Zeit. Dann erst ging ich in die Stube.

Der Leutnant saß am Tisch und aß Tauben. Iljas Tauben. Über ein Dutzend lag noch auf der Platte. Seine Mutter hatte sie getötet, gerupft und gebraten. Auf der Kommode lagen die anderen versprochenen Dinge.

Der Leutnant sagte: „Wenn du die Tauben machst, sind sie entschieden schmackhafter."

Ich gab ihm keine Antwort.

„Appetit hast du auch keinen?"

„Wie?"

„Wie? Wie? Du willst wohl, daß ich eklig werde, ja? Ich frage dich, ob du keinen Appetit hast, weil ich's nicht allein schaffe."

Nein, ich hatte keinen Appetit auf diese Tauben.

Ob ich überhaupt mal wieder Tauben esse?

Am nächsten Morgen mußte ich dem Leutnant vier der übriggebliebenen Tauben in Zeitungspapier packen und in die Kartentasche stecken. Er wollte sie zu Mittag draußen auf der Stellung verzehren. Doch auf dem Weg dorthin, an einer unübersichtlichen Stelle, wurde er erschossen.

Von Partisanen, hieß es.

Wolfgang Borchert Nachts schlafen die Ratten doch

Das hohle Fenster in der vereinsamten Mauer gähnte blaurot voll früher Abendsonne. Staubgewölke flimmerte zwischen den steilgereckten Schornsteinresten. Die Schuttwüste döste. Er hatte die Augen zu. Mit einmal wurde es noch dunkler. Er merkte, daß jemand gekommen war und nun vor ihm stand, dunkel, leise. Jetzt haben sie mich! dachte er. Aber als er ein bißchen blinzelte, sah er nur zwei etwas ärmlich behoste Beine. Die standen ziemlich krumm vor ihm, daß er zwischen ihnen hindurchsehen konnte. Er riskierte ein kleines Geblinzel an den Hosenbeinen hoch und erkannte einen älteren Mann. Der hatte ein Messer und einen Korb in der Hand. Und etwas Erde an den Fingerspitzen.

Du schläfst hier wohl, was? fragte der Mann und sah von oben auf das Haargestrüpp herunter. Jürgen blinzelte zwischen den Beinen des Mannes hindurch in die Sonne und sagte: Nein, ich schlafe nicht. Ich muß hier aufpassen. Der Mann nickte: So, dafür hast du wohl den großen Stock da? Ja, antwortete Jürgen mutig und hielt den Stock fest.

Worauf paßt du denn auf?

Das kann ich nicht sagen. Er hielt die Hände fest um den Stock.

Wohl auf Geld, was? Der Mann setzte den Korb ab und wischte das Messer an seinem Hosenboden hin und her.

Nein, auf Geld überhaupt nicht, sagte Jürgen verächtlich. Auf ganz etwas anderes.

Na, was denn?

Ich kann es nicht sagen. Was anderes eben.

Na, denn nicht. Dann sage ich dir natürlich auch nicht, was ich hier im Korb habe. Der Mann stieß mit dem Fuß an den Korb und klappte das Messer zu.

Pah, kann mir denken, was in dem Korb ist, meinte Jürgen geringschätzig, Kaninchenfutter.

Donnerwetter, ja! sagte der Mann verwundert, bist ja ein fixer Kerl. Wie alt bist du denn?

Neun.

Oha, denk mal an, neun also. Dann weißt du ja auch, wieviel drei mal neun sind, wie?

Klar, sagte Jürgen, und um Zeit zu gewinnen, sagte er noch: Das ist ja ganz leicht. Und er sah durch die Beine des Mannes hindurch. Drei mal neun, nicht? fragte er noch einmal, siebenundzwanzig. Das wußte ich gleich.

Stimmt, sagte der Mann, und genausoviel Kaninchen habe ich. Jürgen machte einen runden Mund: Siebenundzwanzig?

Du kannst sie sehen. Viele sind noch ganz jung. Willst du?

Ich kann doch nicht. Ich muß doch aufpassen, sagte Jürgen unsicher.

Immerzu? fragte der Mann, nachts auch?

Nachts auch. Immerzu. Immer. Jürgen sah an den krummen Beinen hoch. Seit Sonnabend schon, flüsterte er.

Aber gehst du denn gar nicht nach Hause? Du mußt doch essen. Jürgen hob einen Stein hoch. Da lag ein halbes Brot. Und eine Blechschachtel.

Du rauchst? fragte der Mann, hast du denn eine Pfeife?

Jürgen faßte seinen Stock fest an und sagte zaghaft: Ich drehe. Pfeife mag ich nicht.

Schade, der Mann bückte sich zu seinem Korb, die Kaninchen hättest du ruhig mal ansehen können. Vor allem die Jungen. Vielleicht hättest du dir eines ausgesucht. Aber du kannst hier ja nicht weg.

Nein, sagte Jürgen traurig, nein nein.

Der Mann nahm den Korb hoch und richtete sich auf. Na ja, wenn du hierbleiben mußt — schade. Und er drehte sich um.

Wenn du mich nicht verrätst, sagte Jürgen da schnell, es ist wegen den Ratten.

Die krummen Beine kamen einen Schritt zurück. Wegen den Ratten?

Ja, die essen doch von Toten. Von Menschen. Da leben sie doch von.

Wer sagt das?

Unser Lehrer.

Und du paßt nun auf die Ratten auf? fragte der Mann.

Auf die doch nicht! Und dann sagte er ganz leise: Mein Bruder, der liegt nämlich da unten.

Da. Jürgen zeigte mit dem Stock auf die zusammengesackten Mauern. Unser Haus kriegte eine Bombe. Mit einmal war das Licht weg im Keller. Und er auch. Wir haben noch gerufen. Er war viel kleiner als ich. Erst vier. Er muß hier ja noch sein. Er ist doch viel kleiner als ich.

Der Mann sah von oben auf das Haargestrüpp. Aber dann sagte er plötzlich: Ja, hat euer Lehrer euch denn nicht gesagt, daß die Ratten nachts schlafen?

Nein, flüsterte Jürgen und sah mit einmal ganz müde aus, das hat er nicht gesagt.

Na, sagte der Mann, das ist aber ein Lehrer, wenn er das nicht mal weiß. Nachts schlafen die Ratten doch. Nachts kannst du ruhig nach Hause gehen. Nachts schlafen sie immer. Wenn es dunkel wird, schon.

Jürgen machte mit seinem Stock kleine Kuhlen in den Schutt. Lauter kleine Betten sind das, dachte er, alles kleine Betten.

Da sagte der Mann (und seine krummen Beine waren ganz unruhig dabei): Weißt du was? Jetzt füttere ich schnell meine Kaninchen, und wenn es dunkel wird, hole ich dich ab. Vielleicht kann ich eins mitbringen. Ein kleines oder, was meinst du?

Jürgen machte kleine Kuhlen in den Schutt. Lauter kleine Kaninchen. Weiße, graue, weißgraue. Ich weiß nicht, sagte er leise und sah auf die krummen Beine, wenn sie wirklich nachts schlafen.

Der Mann stieg über die Mauerreste weg auf die Straße.

Natürlich, sagte er von da, euer Lehrer soll einpacken, wenn er das nicht mal weiß.

Da stand Jürgen auf und fragte: Wenn ich eins kriegen kann? Ein weißes vielleicht?

Ich will mal versuchen, rief der Mann schon im Weggehen, aber du mußt hier so lange warten. Ich gehe dann mit dir nach Hause, weißt du? Ich muß deinem Vater doch sagen, wie so ein Kaninchenstall gebaut wird. Denn das müßt ihr ja wissen.

Ja, rief Jürgen, ich warte. Ich muß ja noch aufpassen, bis es dunkel wird. Ich warte bestimmt. Und er rief: Wir haben auch noch Bretter zu Hause. Kistenbretter, rief er.

Aber das hörte der Mann schon nicht mehr. Er lief mit seinen krummen Beinen auf die Sonne zu. Die war schon rot am Abend, und Jürgen konnte sehen, wie sie durch die Beine hindurchschien, so krumm waren sie. Und der Korb schwenkte aufgeregt hin und her. Kaninchenfutter war da drin. Grünes Kaninchenfutter, das war etwas grau vom Schutt.

Wolfgang Borchert Das Brot

Plötzlich wachte sie auf. Es war halb drei. Sie überlegte, warum sie aufgewacht war. Ach so! In der Küche hatte jemand gegen einen Stuhl gestoßen. Sie horchte nach der Küche. Es war still. Es war zu still, und als sie mit der Hand über das Bett neben sich fuhr, fand sie es leer. Das war es, was es so besonders still gemacht hatte: sein Atem fehlte.

Sie stand auf und tappte durch die dunkle Wohnung zur Küche. In der Küche trafen sie sich. Die Uhr war halb drei. Sie sah etwas Weißes am Küchenschrank stehen. Sie machte Licht. Sie standen sich im Hemd gegenüber. Nachts. Um halb drei. In der Küche.

Auf dem Küchentisch stand der Brotteller. Sie sah, daß er sich Brot abgeschnitten hatte. Das Messer lag noch neben dem Teller. Und auf der Decke lagen Brotkrümel. Wenn sie abends zu Bett gingen, machte sie immer das Tischtuch sauber. Jeden Abend. Aber nun lagen Krümel auf dem Tuch. Und das Messer lag da. Sie fühlte, wie die Kälte der Fliesen langsam an ihr hochkroch. Und sie sah von dem Teller weg.

„Ich dachte, hier wäre was", sagte er und sah in der Küche umher.

„Ich habe auch was gehört", antwortete sie, und dabei fand sie, daß er nachts im Hemd doch schon recht alt aussah. So alt wie er war. Dreiundsechzig. Tagsüber sah er manchmal jünger aus. Sie sieht doch schon alt aus, dachte er, im Hemd sieht sie doch ziemlich alt aus. Aber das liegt vielleicht an den Haaren. Bei den Frauen liegt das nachts immer an den Haaren. Die machen dann auf einmal so alt.

„Du hättest Schuhe anziehen sollen. So barfuß auf den kalten Fliesen. Du erkältest dich noch."

Sie sah ihn nicht an, weil sie nicht ertragen konnte, daß er log. Daß er log, nachdem sie neununddreißig Jahre verheiratet waren.

„Ich dachte, hier wäre was", sagte er noch einmal und sah wieder so sinnlos von einer Ecke in die andere, „ich hörte hier was. Da dachte ich, hier wäre was."

„Ich hab' auch was gehört. Aber es war wohl nichts." Sie stellte den Teller vom Tisch und schnippte die Krümel von der Decke.

„Nein, es war wohl nichts", echote er unsicher.

Sie kam ihm zu Hilfe: „Komm man. Das war wohl draußen. Komm man zu Bett. Du erkältest dich noch. Auf den kalten Fliesen." Er sah zum Fenster hin. „Ja, das muß wohl draußen gewesen sein. Ich dachte, es wäre hier."

Sie hob die Hand zum Lichtschalter. Ich muß das Licht jetzt ausmachen, sonst muß ich nach dem Teller sehen, dachte sie. Ich darf doch nicht nach dem Teller sehen. „Komm man", sagte sie und machte das Licht aus, „das war wohl draußen. Die Dachrinne schlägt immer bei Wind gegen die Wand. Es war sicher die Dachrinne. Bei Wind klappert sie immer."

Sie tappten sich beide über den dunklen Korridor zum Schlafzimmer. Ihre nackten Füße platschten auf den Fußboden.

„Wind ist ja", meinte er. „Wind war schon die ganze Nacht." Als sie im Bett lagen, sagte sie: „Ja, Wind war schon die ganze Nacht. Es war wohl die Dachrinne."

„Ja, ich dachte, es wäre in der Küche. Es war wohl die Dachrinne." Er sagte das, als ob er schon halb im Schlaf wäre. Aber sie merkte, wie unecht seine Stimme klang, wenn er log.

„Es ist kalt", sagte sie und gähnte leise, „ich krieche unter die Decke. Gute Nacht."

„Nacht", antwortete er noch, „ja, kalt ist es schon ganz schön."

Dann war es still. Nach vielen Minuten hörte sie, daß er leise und vorsichtig kaute. Sie atmete absichtlich tief und gleichmäßig, damit er nicht merken sollte, daß sie noch wach war. Aber sein Kauen war so regelmäßig, daß sie davon langsam einschlief.

Als er am nächsten Abend nach Hause kam, schob sie ihm vier Scheiben Brot hin. Sonst hatte er immer nur drei essen können. „Du kannst ruhig vier essen", sagte sie und ging von der Lampe weg. „Ich kann dieses Brot nicht so recht vertragen. Iß du man eine mehr. Ich vertrage es nicht so gut." Sie sah, wie er sich tief über den Teller beugte. Er sah nicht auf. In diesem Augenblick tat er ihr leid.

„Du kannst doch nicht nur zwei Scheiben essen", sagte er auf seinem Teller.

„Doch. Abends vertrag ich das Brot nicht gut. Iß man. Iß man."

Erst nach einer Weile setzte sie sich unter die Lampe an den Tisch.

Theodor Weißenborn Die Stimme des Herrn Gasenzer

Ich blättre mal weiter. Das ist das Säuglingsheim der Schwestern vom armen Kind Jesu, das haben wir vorhin schon mal gesehn. Und das, das war unser Haus. Aber daran denke ich nicht gern zurück, und da möchte ich auch nicht mehr wohnen. Ich habe da etwas erlebt damals . . ., seltsam, ich meine immer, Herrn Gasenzers Stimme ist da irgendwo in der Luft eingefroren oder hängt in den Maschen des Drahtes – der war eigentlich nur für die Hühner da –, oder vielleicht haben sie seine Stimme mit eingemauert in die Wand der Garage. Denn sie ist noch da, seine Stimme. Ich höre sie noch. „Bern-hard! – Beeern-hard!" so rief er. Und wenn ich dann an das flirrende Rad auf dem eisernen Turm denke . . . Aber ich erzähle besser der Reihe nach. Erst mal vom Haus.

Ich weiß noch, Rosi mußte da in Castrop alle vierzehn Tage Hausputz machen, und die Leute hatten alle ganz graue Gesichter von dem Ruß und wohnten in Häusern, die waren grau wie ihre Gesichter. Nur unser Haus war weiß. Das hatte einen makellos weißen Anstrich und wurde jedes Jahr neu gestrichen, denn wir konnten uns das leisten, und meine Mutter legte Wert darauf. Es war ein großes Haus mit hohen Zimmern, einer breiten Steintreppe zur Straße hin und einem Vorgarten mit einem Gittertor. – Du siehst es da auf dem Bild. – An dem rechten Torpfeiler war der Klingelknopf und ein gelbes Messingschild, da stand „Dr. Niebur" drauf. Dienstags und freitags bestrich Rosi es immer mit einer grünen Paste und wienerte es. Meine Mutter hatte das so angeordnet. Es wurde dann erst ganz weiß, das Schild, milchigweiß, und hinterher glänzte es wieder schön gelb. Links am Haus war noch ein Eingang, eine schmale Tür mit einem Emailleschild „Für Lieferanten". An den Ecken, wo die Schrauben eingedreht waren, war das Email abgeplatzt, und das Blech darunter war schwarz vor Rost. Das sah häßlich aus. Aber meine Mutter ging nie durch den Eingang für Lieferanten, und daher wußte sie es wohl nicht.

Ja, da wohnten wir also: meine Mutter, mein Vater, ich und Rosi. Aber die gehörte nicht richtig zu uns. Sie aß immer in der Küche und sprach kaum mit mir, höchstens mit meiner Mutter, oder besser, meine Mutter sprach mit ihr. Sie sagte etwas zu Rosi, und Rosi hörte zu und sagte: „Ja, Frau Doktor." Meine Mutter war blond. Sie hatte einen Bubikopf und hielt sehr auf Sauberkeit. Das ist wichtig für das, was ich dir erzählen will, von dem Hühnerei, von den Kaninchen – und überhaupt. Sie hatte zwei Semester Pharmazie studiert, bevor Vater sie heiratete. Vater hatte lange studiert, acht Jahre, glaube ich. Er betreute das Säuglingsheim der Schwestern und hatte zwischendurch noch am Städtischen Krankenhaus zu tun. Er war immer unterwegs. – Ich spielte immer allein, entweder im Haus oder hinter dem Haus im Sandkasten, oder ich stand vorn am Tor und sah durch das Gitter den Kindern zu, die auf der Straße spielten. Sie spielten Kästchenhüpfen, Himmel und Hölle und Schiebag, immer was anderes. Ich durfte nicht auf der Straße spielen, weil es da zu dreckig war.

Hinter dem Haus war dann der Garten. Das war ein großes Rechteck. Erst kamen Blumen und schöne weiße Kieswege mit Buchsbaumrändern, dann Gemüsebeete, Salat, Sellerie und Bohnen und so allerlei, dann Johannisbeeren und Stachelbeeren. Am schönsten war es aber ganz hinten im Garten, da konnte man mich wegen der Bohnenranken vom Haus aus nicht sehen. Da war ein großer Berg, der roch verwirrend, und es waren die merkwürdigsten Dinge in ihm zu finden: Salben- und Pillendosen, Glasröhrchen, Schachteln mit durchsichtigem Papier und Kohlstrünke, die hatten Gesichter wie Menschen oder Hunde oder kleine Teufel. Der Berg war überhaupt das Interessanteste in unserm Garten, aber hier durfte ich auch nicht spielen, weil es zu dreckig war, und ich ging da nur hin, wenn meine Mutter in der Stadt war und Rosi im Haus zu tun hatte.

Von dem Berg aus sah man dann in den Garten von Herrn Gasenzer. Hinter dem hohen, weitmaschigen Draht, der die beiden Gärten trennte, da war rechts ein schwarz verpichtes Bretterhäuschen mit einem rostigen Wellblechdach – der Hühnerstall. Daneben stand noch ein kleineres, schmaleres Häuschen aus übereinandergestellten Kisten. Die offenen Seiten der Kisten sahen alle in eine Richtung und hatten kleine Rahmentüren, die waren mit engmaschigem Draht bespannt. Hinter dem Draht sah man Stroh und manchmal eine rosige Nase und ein Paar weiße oder schwarze

Ohren. Das waren die Kaninchen von Herrn Gasenzer. Hinter den Ställen fingen gleich die Beete an: Salat, Blumenkohl, Lauch, genau wie bei uns, nur keine Blumen und kein Kies, und Backsteine statt der Buchsbaumränder. Die Beete gingen bis ans Haus. Das war grau und häßlich wie die meisten Häuser in Castrop und hatte nur eine Etage. Das Trostlose war aber, daß man über dem Haus immer den eisernen Turm mit dem Rad sah. Der ragte schwarz und einsam in den Himmel, denn Bäume gab es da nicht, in Castrop, oder Wald, nur Schornsteine und solche Türme. Von Zeit zu Zeit drehte sich das Rad auf dem Turm, erst langsam, dann schneller, dann fingen die Speichen an zu flirren, man sah nur noch eine graue Scheibe, plötzlich stand das Rad still, und man sah wieder die schwarzen Speichen, und das geschah alles ganz lautlos. Am Abend flatterten immer große schwarze Vögel um den Turm. Die schrien heiser und traurig, und dann flirrte das Rad wieder, völlig lautlos, und man sah nicht, in welcher Richtung es sich drehte, und der Turm stand da, vor dem rußigen Himmel – weiß Gott, das ist überhaupt das Traurigste, was ich je gesehen habe.

Aber zu dem Hühnerei.

Das war gleich beim ersten Male, als ich Herrn Gasenzer kennenlernte. Ich war nach dem Morgenkaffee nach hinten in den Garten gegangen und wollte mir ein Porzellantiegelchen holen, das ich da gefunden und versteckt hatte. Da kam Herr Gasenzer den Gartenweg herunter. Er hielt eine Schüssel mit Grünzeug im Arm, hatte Pantoffeln an und einen roten Pullover. Sein Gesicht war aschgrau, viel grauer als die Gesichter der anderen Leute in Castrop, die Wangen waren eingefallen, die Haut über den Backenknochen spannte sich wie Pergament, die Lippen waren blaßblau und zeigten lange Zähne, die waren so gelb wie Vaters Nikotindaumen. Er stellte die Schüssel neben dem Kaninchenstall auf die Erde und sah mich an aus kleinen, von winzigen Falten umgebenen Augen.

„Morgen, Junge!“ sagte er. Seine Stimme krächzte wie die Stimme der schwarzen Vögel, die abends um den Turm flatterten.

„Guten Morgen“, sagte ich. Ich wunderte mich, daß Herr Gasenzer fortwährend leise durch die Zähne pfiff. Das war aber sein Atem, der so pfiff.

„Wie heißt du denn?“ fragte er. – „Bernhard Niebur.“ – „Aha.“ – „Und Sie?“ – „Gasenzer“, sagte Herr Gasenzer.

Dann fütterte er die Kaninchen. Er öffnete die Rahmentüren, eine nach der anderen, und tat in jeden der Kästen eine große Handvoll Grünzeug. Dabei schob sein Unterarm sich grau und knochig aus dem Ärmel des Pullovers.

Plötzlich drehte er sich nach mir um: „Möchtest du vielleicht ein Hühnerei?“ – „Ja, gerne!“ – „Warte mal! Ich hol dir eins.“

Er ging in das schwarze Bretterhäuschen, kam gleich darauf zurück, zu mir an den Zaun, und gab mir ein Ei. Es paßte gerade durch die Maschen des Drahtes. Ich nahm es in beide Hände, betrachtete und befühlte es von allen Seiten, es schmiegte sich glatt und angenehm in die Handflächen.

„Es ist ja warm!“ sagte ich.

„Ja. Es ist ganz frisch.“

„Da ist ja ein Federchen dran!“ – „Vom Huhn“, sagte Herr Gasenzer.

„Ach, vom Huhn?“

„Bring das Ei deiner Mutter und sag, sie soll es dir kochen oder braten!“ – „Ja! Wiedersehn!“ rief ich. „Wiedersehn!“ rief Herr Gasenzer.

Ich stürmte ins Haus, hörte Mutters und Rosis Stimmen in der Küche und lief zu ihnen. „Mutter! Guck mal! Ein Hühnerei! Ein richtiges Hühnerei! Du sollst es mir kochen oder braten! Es ist ganz frisch, und da ist ein Federchen vom Huhn!“

Meine Mutter nahm das Ei zwischen Daumen und Zeigefinger, betrachtete es argwöhnisch und legte es auf eine Untertasse, die auf der Fensterbank stand. „Es ist ja ganz schmutzig!“ sagte sie, „du wäscht dir sofort die Hände! – Woher hast du das Ei denn überhaupt?“

„Von Herrn Gasenzer! Kochst du es mir?“

„Das wird sich finden.“

Ich mußte mir am Spülstein die Hände waschen und wurde nach oben geschickt.

Zu Mittag gab es Rouladen und Rotkohl, den hab ich nie gemocht und mag ihn heute noch nicht, und ich erklärte, ich wolle keinen Rotkohl, sondern das Hühnerei von Herrn Gasenzer.

„Iß und sei still!“ sagte meine Mutter. Ich fing an zu weinen.

„Was ist denn los?“ sagte mein Vater. – „Ach, Gasenzer hat ihm ein Ei gegeben. Das will er haben. Ich hab es ihm natürlich abgenommen. Der Mann hat doch Tb.“

„Silikose“[1], sagte mein Vater.

„Aber ich bitte dich, Eduard. Es war ganz schmutzig. Auf jeden Fall sind Bazillen daran.“ – „Schön, es sind Bazillen daran“, sagte mein Vater. Er wurde mit allem schnell fertig, weißt du.

Ich glaube, er hatte nicht so viel Phantasie wie meine Mutter.

Ich stocherte mit der Gabel im Rotkohl herum und weinte vor mich hin.

„Na, du siehst doch! Gib ihm halt ein anderes Ei!“ sagte mein Vater. Ich glaube, er hatte doch Phantasie.

„Sei ruhig, Bernhard! Du kriegst ein anderes Ei“, sagte meine Mutter. Es war beleidigend.

„Ich will kein anderes Ei!“ heulte ich, „ich will das Ei von Herrn Gasenzer!“ Das Ei von Herrn Gasenzer hatte ein Federchen und war unvergleichlich. Ein Schock anderer Eier und eine Bruthenne konnten es nicht aufwiegen.

Meine Mutter wurde böse. „Dann bekommst du gar nichts. Überhaupt habe ich dir verboten, nach hinten in den Garten zu gehn. Und mit Herrn Gasenzer sprichst du kein Wort mehr! – Rosi!“ – „Ja, Frau Doktor?“ – „Das Ei auf der Fensterbank kommt in den Müll!“ – „Nicht in den Müll!“ schrie ich, „es ist mein Ei! Herr Gasenzer hat es mir geschenkt! Es ist ein Federchen dran!“

Mein Vater zuckte die Achseln. Nein, er hatte entschieden keine Phantasie. Wahrscheinlich hatte er es zu eilig.

Zur Strafe, weil ich eigensinnig gewesen war, brachte mich meine Mutter nach oben ins Schlafzimmer, und ich mußte ins Bett. Sie schloß von außen ab und ging die Treppe hinunter. Kaum war die Eßzimmertür unten ins Schloß gefallen, da stand ich auf, stellte mich ans Fenster und sah hinunter in den Garten. Es dauerte nicht lange, da kam Rosi mit einer Schüssel aus dem Haus. Abfälle, Rotkohlblätter waren darin. Obenauf lag weißschimmernd das Ei. Ich sah Rosi nach, wie sie durch den Garten ging und die Schüssel hinten am Zaun auskippte. Es bestand also noch Aussicht, das Ei wiederzubekommen. Wenn es nur ganz geblieben war! Das Weinen und die Aufregung hatten mich erschöpft. Müde legte ich mich wieder ins Bett und schlief ein.

Um drei Uhr schloß Rosi auf, weckte mich und erklärte, ich könne aufstehn. „Wo ist Mutter?“ fragte ich. – „In die Stadt

[1] Silikose = Staublunge, eine meldepflichtige und entschädigungspflichtige Berufskrankheit, tritt besonders beim Bergbau bei Gesteinshauern auf.

gefahren." An dem Tag, es war wohl ein Mittwoch, hatte Rosi in der Waschküche zu tun. Ich wartete, bis sie in den Keller ging, dann lief ich nach hinten in den Garten zu dem Müllberg. – Das Ei war kaputt. Es war auf eine leere Konservendose geschlagen. Weiß und Gelb waren häßlich ineinandergelaufen, das Federchen klebte noch an einem Stück Schale. Herr Gasenzer war nicht in seinem Garten. Die Hühner liefen auf den Beeten umher, und dann fing es an zu regnen. Ich sah den eisernen Turm und das Rad auf ihm, es drehte sich, schneller, immer schneller, ich konnte die Speichen nicht erkennen durch den Regen und weil es sich immer schneller drehte. – Ganz warm war das Ei gewesen. Glatt und rund hatte es in meiner Hand gelegen. – Der Regen fiel, die Hühner liefen auf die Luken des Bretterhäuschens zu, und das Rad auf dem Turm drehte sich lautlos, völlig lautlos ...

Nach dem Abendessen nahm meine Mutter mich mit in ihr Zimmer. „Ich habe dir etwas mitgebracht", sagte sie. Es war ein mit einem komischen glatten Stoff überzogenes rotes Pferdchen, das einen hölzernen Wagen zog. Zwischen den Zugstangen des Wagens war es angeleimt. Ich hielt das Pferdchen in der Hand und sah es an.

„Freust du dich nicht?" sagte meine Mutter. – „Doch." – „Und willst du jetzt wieder brav sein?" – Ich nickte. – „Und nicht mehr eigensinnig?" – Ich schüttelte den Kopf. – „Na, dann lauf!"

Ich lief nicht, aber ich ging. Ich hielt das Pferdchen mit abgespreiztem Arm von mir und ging durch den Flur hinter das Haus. Es regnete immer noch, und es wurde schon dunkel, und die schwarzen Vögel flatterten um den Turm. Der Stoff, mit dem das Pferdchen überzogen war, fühlte sich unangenehm an. Wenn man ihn lange anfaßte, schwitzten die Finger. Die Räder an dem Wagen waren flache kleine Holzscheiben ohne Speichen. Sie waren an dem Bodenbrett festgeleimt und konnten sich nicht drehen. Es waren gar keine richtigen Räder. Ich setzte das Pferdchen und den Wagen auf den Kiesweg, trat mit dem Fuß auf den Wagen, legte mein Gewicht darauf – es krachte leise. Der Wagen lag zerstört am Boden, die Seitenwände waren auseinandergebrochen, die Räder hatten sich tief in den Kies eingedrückt. Da fing ich an zu weinen. Ich hob das Pferdchen auf, es sah mich dumm an, eine Zeitlang hielt ich es in der Hand, dann setzte ich es hinter dem Sandkasten in ein Blumenbeet, so, daß es mit der Nase an einem Stiefmütterchen roch, und drückte es in die aufgeweichte Erde hinein, damit es nicht umfiel. Bevor ich ins Haus ging, klaubte ich die Reste des Wägelchens aus dem Kies auf und warf sie durch das Kellerfenster auf die Kohlen. Ich sehe es noch vor mir, das viereckige dunkle Loch unten in der Hauswand . . .

Aber richtig böse wurde die Sache erst mit den Kaninchen. Das fing am nächsten Morgen an.

An dem Morgen fuhren meine Eltern mit dem Wagen nach Rauxel. Das ist ein Ort, der Castrop eingemeindet ist. Rosi hatte noch in der Waschküche zu tun, und ich konnte gehn, wohin ich wollte. Als ich an den Zaun kam, war Herr Gasenzer gerade dabei, den Hühnerstall auszumisten. Er hatte den Mist mit einer Art Schneeschippe durch die Tür nach draußen gekratzt und schaufelte ihn in einen Schubkarren. Die Arbeit mußte sehr anstrengend sein, denn sein Mund stand offen, und er pfiff lauter durch die Zähne als am Tag vorher.

„Nun, war es gut, das Ei?" rief er . – „Sie haben es mir weggenommen", sagte ich. Er stützte sich auf die Schaufel und sah mich an. „Wer?" – „Zu Hause." – „Soso." – „Meine Mutter hat gesagt, es ist schmutzig und hat Bazillen." – „Aha." – „Rosi hat es auf den Müll geworfen." – „Tjaja."

Er schaufelte weiter. Der Hühnermist roch süßlich. Als der Schubkarren voll war, sagte Herr Gasenzer: „In vierzehn Tagen kriege ich kleine Kaninchen." – „Au fein!"

Tiere hatte ich noch nicht viele gesehn. Höchstens Vögel oder mal einen Hund oder eine Katze auf der Straße oder die Brauereipferde von „Wipperfürth". Wir hatten zu Hause keine Tiere. Meine Mutter hatte gesagt, Tiere hätten Flöhe und gehörten nicht in Häuser, wo Kinder sind.

„Hast du schon mal kleine Kaninchen gesehen?" – „Nein, noch nie."

„Sie haben ein ganz weiches Fell und sind blitzsauber. – Wenn es viele sind, kannst du eins haben." – „Das erlaubt meine Mutter nicht", sagte ich düster. – „Hm. – Aber du könntest kommen und sie dir ansehen." – „Ja, das tu ich."

Dann fragte ich Herrn Gasenzer, was „Sikose" sei. Er erklärte mir, daß es „Silikose" heiße, und ich erfuhr seltsame Dinge über diese Krankheit, eine Berufskrankheit der Bergleute, die die Lunge ruiniert. Herr Gasenzer war früher selbst Bergmann gewesen. Die dicke Frau in der blauen Schürze, die ich einmal in seinem Garten gesehen hatte, war nicht seine Frau, sondern half ihm nur, weil er nicht alles allein machen konnte. Er hatte weder Frau noch Kinder. Er war zu früh krank und arbeitsunfähig geworden.

Das erfuhr ich alles so nach und nach, denn von dem Morgen an besuchte ich Herrn Gasenzer, sooft meine Mutter in der Stadt war und Rosi nicht im Garten arbeitete, und wir unterhielten uns jedesmal lange. Herr Gasenzer kam immer zweimal am Tag in seinen Garten, um die Kaninchen zu füttern, morgens und abends. Zwischendurch mußte er sich immer hinlegen, weil es mit seiner Krankheit sonst schlimmer wurde. – Einmal, abends, es wurde schon dunkel, erzählte er mir, daß der schwarze Turm, den man über seinem Haus sah, der Förderturm der Otto-Wiesschebrink-Zeche war und daß er da früher gearbeitet hatte, und er erklärte mir genau, wie er funktionierte, der Turm. Dabei stand er vor mir, das Gesicht halb zu dem Turm, halb zu mir gewandt, und zeigte mit dem Finger auf das flirrende Rad, und ich starrte auf den Turm, der vor uns in den Himmel wuchs, schwarz, von den Vögeln umflattert, über dessen Rad das Seil lief, an dem die Körbe hängen, in denen die Bergleute in die Erde fahren, Jahr für Jahr und Tag für Tag. Die Vögel kreischten, das Rad stand still, setzte sich wieder in Bewegung, die Speichen flirrten, lautlos. „Jetzt fährt wieder ein Korb nach unten“, sagte Herr Gasenzer.

In den Tagen war ich sehr gespannt auf die Kaninchen, und ich fragte Herrn Gasenzer, sooft ich ihn sah, ob sie noch nicht da seien. Aber sie waren jedesmal noch nicht da. Und dann, dann kam der Tag, den ich nicht vergessen kann, der Tag, an dem Herrn Gasenzers Stimme in den Maschen des Zauns hängenblieb.

„Heute nachmittag kommen die Kaninchen“, hatte Herr Gasenzer am Morgen gesagt, „ich bleibe im Garten und warte. Ich rufe dich dann, wenn sie da sind.“

„Ja, das ist gut“, sagte ich. Dann lief ich schnell nach vorn zum Sandkasten, denn meine Mutter war im Haus und konnte mich vom Herrenzimmer aus beobachten. Ich nahm mir vor, den ganzen Nachmittag im Garten zu bleiben, damit ich Herrn Gasenzer nur ja hörte, wenn es soweit war und er mich rief.

Beim Mittagessen waren meine Mutter und ich allein im Eßzimmer. Mein Vater war mit dem Wagen weggefahren. Die Fenster zum Garten standen offen, es war ein schöner Tag, man hörte draußen die Spatzen schilpen. Blitzsauber sind die Kaninchen, und sie haben ein ganz weiches Fell, hatte Herr Gasenzer gesagt. Heute würde ich sie sehn. – Da passierte es. Wir waren beim Nachtisch, es gab Götterspeise, da erklang vom Ende des Gartens her Herrn Gasenzers Stimme, krächzend wie die Stimmen der Vögel, die um den Turm flatterten. Aber man konnte sie gut verstehn, denn um die Zeit war es still auf der Straße, und die Fenster standen offen.

„Bern-hard!“ rief Herr Gasenzer. Ich sprang auf.

„Herr Gasenzer hat Kaninchen gekriegt! Kleine Kaninchen! Laß mich hin, Mutter! Bitte, bitte! Sie sind bestimmt ganz sauber!“

Meine Mutter legte die Puddingkelle hin und sah mich an. „Du bist also doch wieder bei Herrn Gasenzer gewesen“, sagte sie, „du bist ein ungehorsames Kind. Das hätte ich nicht von dir gedacht.“ – Ich glaube, sie war wirklich traurig. – „Setz dich!“ sagte sie streng.

Ich setzte mich und lauschte nach draußen. Nichts war zu hören als das Schilpen der Spatzen und Rosi in der Küche, die mit dem Besteck klapperte. Und dann rief Herr Gasenzer noch einmal, lauter und gedehnter als beim ersten Male: „Beeern-hard!“ Und dann hörten wir ihn husten, und er rief nicht mehr. „Zur Strafe bleibst du heute und morgen im Haus“, sagte meine Mutter. Sie war eine tüchtige Arztfrau, energisch und konsequent.

Nach dem Essen beauftragte sie Rosi, mich zu sich in die Küche zu nehmen und darauf zu achten, daß ich nicht hinauslief. Rosi schloß die Küchentür ab und bügelte am Tisch, ich kniete auf einem Stuhl an der Fensterbank und hatte meine Bauklötzchen vor mir. Aber ich spielte nicht, sondern sah durch das Fenster nach draußen. Den Zaun am Ende des Gartens konnte ich nicht sehn, weil die Bohnenranken dazwischen waren. Nur den schwarzen Turm sah ich. Ich dachte den ganzen Nachmittag, daß ich so bald wie möglich zu Herrn Gasenzer mußte, um die Kaninchen zu sehn und ihm zu sagen, warum ich am Mittag nicht gekommen war. Aber ich hatte keine Gelegenheit, es ihm zu sagen. Am nächsten Tag paßte meine Mutter auf mich auf, und ich mußte ihr helfen, die großen Koffer zu packen, und ihr allerlei Sachen anreichen, und am darauffolgenden Tag trat mein Vater seinen Urlaub an, und wir standen um fünf Uhr morgens auf und fuhren nach Norderney.

Auf Norderney wurde ich gleich krank. Zu einer Mandelentzündung kam eine Grippe, und es wurde so schlimm mit mir, daß mein Vater – er war selbst ein guter Arzt – einen Kollegen zu Rat zog. Das war ein alter Herr mit einem Nikolausgesicht. Ich beschwor ihn im Fieber, er solle Herrn Gasenzer sagen, ich hätte nicht kommen können – ich hätte nicht gedurft. Er versprach es zu tun, und es wurde besser mit mir. Nach vierzehn Tagen mußte mein Vater zurück nach Castrop, weil sein Urlaub zu Ende war. Meine Mutter und ich blieben noch zwei Wochen, damit ich mich erholen konnte. Ich erholte mich aber nicht richtig. Ich dachte immerzu an Herrn Gasenzer, der wußte doch nicht, wo ich war, und an die Kaninchen und wartete voll Unruhe auf den Tag, an dem wir nach Hause fahren würden.

Eines Nachmittags gegen sechs Uhr waren wir wieder in Castrop. Ich hängte meinen Mantel in der Diele an den niedrigen kleinen Haken und lief gleich nach hinten in den Garten. Es war noch alles wie vorher. Der Müllberg roch, es lagen ein paar neue Konservendosen da, die Hühner gackerten und liefen auf die Luken des Stalles zu, der Himmel war gelb und rußig, das Rad auf dem Turm drehte sich, und die schwarzen Vögel schrien heiser und traurig. Um die Zeit kam Herr Gasenzer immer, um die Kaninchen zu füttern. An dem Abend kam er aber nicht. Ich wartete eine Zeitlang, da ging die Tür auf, und die dicke Frau mit der blauen Schürze trat in den Garten. Sie kam den Weg herunter und hielt eine Schüssel mit Grünzeug im Arm, die Schüssel, die Herr Gasenzer immer hatte.

„Da bist du ja wieder, Junge", sagte sie, „Herr Gasenzer hat immer nach dir gefragt." – „Wir waren verreist", sagte ich, „wo ist denn Herr Gasenzer?"

Die Frau antwortete nicht gleich. Sie öffnete die Rahmentüren und tat in jeden der Kästen eine Handvoll Grünzeug. Ich dachte schon, sie hätte mich nicht verstanden, und wollte noch einmal fragen, da sagte sie: „Herr Gasenzer kann nicht mehr aufstehn. Der muß jetzt immer liegen, weißt du."

„Ach, das ist aber schade! Sagen Sie ihm doch, er soll bitte wieder gesund werden!"

„Ja, das werd ich tun", sagte die Frau. „Aber warte mal! Ich zeig dir mal die Kaninchen." Sie öffnete einen der Kästen, nahm mit jeder Hand ein schwarzes Knäuel heraus und kam damit an den Zaun. Ich steckte meinen Arm durch den Draht und streichelte die Kaninchen. Sie hatten ein weiches, seidiges Fell, rosa Nasen und gelbe Augen und waren wirklich blitzsauber, wie Herr Gasenzer gesagt hatte. „Ja, sieh sie dir noch mal an, die armen Tierchen!" sagte die Frau. Ich wußte nicht, was sie meinte, und dachte, die Kaninchen hätten vielleicht Angst, sie zuckten so mit ihren Nasen, und ich sagte der Frau, sie solle sie lieber wieder in den Stall tun. Das tat sie denn auch, und dabei sagte sie wieder: „Die armen Tierchen!“

Als ich durch den Garten zurückging, sah ich meine Mutter oben am Fenster stehn. Sie sah, daß ich hinten im Garten gewesen war, und hatte sicher auch gesehn, daß ich mit der Frau gesprochen und die Kaninchen gestreichelt hatte. Ich ahnte nichts Gutes. Aber, es war seltsam, meine Mutter schimpfte nicht, diesmal, sie sah mich nur ein paarmal lange an während des Abendessens, und auch danach, als wir im Herrenzimmer am Kamin saßen, schimpfte sie nicht. Aber – es war zu spät, daß sie nicht schimpfte, denn am anderen Morgen, als ich wieder nach hinten an den Zaun ging, hörte ich Männerstimmen in Herrn Gasenzers Garten, und als ich an den Bohnen vorbeikam, sah ich zwei Männer, von denen hatte einer einen Bogen Papier in der Hand, das sah aus wie Butterbrotpapier, nur waren schwarze und rote Striche darauf, und da war noch ein Mann, mit einer Lederschürze, der zog die Kaninchen an den Ohren aus ihren Kästen und steckte sie in einen Sack.

„Nicht! Nicht!“ rief ich. Ich stürzte vor an den Zaun, faßte mit den Fingern in den Draht, rüttelte an ihm und rief: „Sie dürfen den Kaninchen nichts tun! Die Kaninchen gehören Herrn Gasenzer! Sie dürfen ihnen nichts tun!“

„Gasenzer?“ sagte der Mann mit dem Papier, er stand dicht am Zaun. „Herr Gasenzer ist tot, Kind. Der kann sich nicht mehr kümmern um die Kaninchen.“

Ich ließ meine Finger in dem Draht und sah über dem Garten und dem Haus den schwarzen Turm. Das Rad auf ihm drehte sich lautlos, erst langsam, dann schneller, immer schneller, die Speichen flirrten, man sah nur noch eine graue Scheibe, plötzlich stand das Rad still.

„Hier kommt die Garage hin“, sagte der Mann mit dem Papier und zeigte auf den Hühnerstall. Der mit der Lederschürze steckte die Kaninchen in den Sack, auch die kleinen.

Ich löste meine Finger aus dem Draht und ging den Kiesweg zurück, an den Stachelbeeren, den Bohnen, den Blumen vorbei, als ich an den Sandkasten kam, sah ich das rote Pferdchen darin liegen. Rosi hatte es wohl beim Harken der Beete gefunden und da hineingeworfen. Ich hob es auf und rieb es an meinem Ärmel sauber. Eine Zeitlang hielt ich es in der Hand und überlegte, dann setzte ich es wieder in das Blumenbeet. Diesmal war es mir egal, ob es an einem Stiefmütterchen roch oder nicht. – Blitzsauber waren die Kaninchen gewesen, ganz weich, seidenweich war ihr Fell, und gelbe Augen hatten sie gehabt. Herr Gasenzer hatte mir eins schenken wollen.

Nein, ich möchte da nicht mehr wohnen, in dem Haus mit dem weißen Anstrich und dem Blick auf das flirrende Rad auf dem Turm. Vielleicht wohnen jetzt andere Leute da, ich meine, nicht Leute wie wir, sondern richtige Leute mit richtigen Kindern, die auf der Straße spielen, und einem Hund, der im Garten umherspringt, oder einer Katze. Vielleicht ist das Haus inzwischen auch ganz grau geworden wie die anderen Häuser in Castrop. Ja, das kann schon sein. Und die Leute, die jetzt da wohnen, sind vielleicht ganz glücklich. Die haben ja Herrn Gasenzer nicht gekannt. Aber ich, wenn ich da wohnte, ich würde immer seine Stimme hören. „Bern-hard! – Beeern-hard!“ so rief er . . . Ich hoffe nur auf den Tag, an dem er wieder aufstehen kann und nicht mehr liegen muß, wie die Frau in der blauen Schürze gesagt hat, dann kann ich ihm antworten, und er bekommt seine Stimme zurück. Aber wohnen könnt ich da nicht mehr, weiß Gott, das könnt ich nicht. Seine Stimme ist doch da hängengeblieben, irgendwo in der Luft, und hängt immer noch da und wartet auf die Erlösung. Über dem Dach der Garage hängt sie, oder in den Maschen des Zauns, und da pfeift dann abends der Wind hindurch, und die Vögel kreischen und flattern um den schwarzen Turm, und das Rad dreht sich lautlos unter dem rußigen Himmel . . ., nein, da könnte ich nicht mehr wohnen.

Hermann Kasack Mechanischer Doppelgänger

„Ein Herr wünscht Sie zu sprechen“, meldete die Sekretärin. Ich las auf der Besuchskarte: Tobias Hull, B. A. – Keine Vorstellung. Auf meinen fragenden Blick: „Ein Herr in den besten Jahren, elegant.“

Anscheinend ein Ausländer. Immer diese Störungen. Irgendein Vertreter. Oder? Was weiß man. – „Ich lasse bitten.“

Herr Tobias Hull tritt mit vorsichtigen Schritten ein. Er setzt Fuß vor Fuß, als fürchte er, zu stark aufzutreten. Ob er leidend ist? Ich schätze sein Alter auf Mitte vierzig. Eine große Freundlichkeit strahlt aus seinem glattrasierten, nicht unsympathischen Gesicht. Sehr korrekt angezogen, beinahe zu exakt in seinen verbindlichen Bewegungen, scheint mir. Nun, man wird sehen. Mit der Hand zum Sessel weisend: „Was verschafft mir die Ehre Ihres Besuches?"

„Oh! Ich wollte mich Ihnen nur vorstellen."

„Sehr angenehm", sage ich.

„Oh! Sie verstehen!" Dieses mit einem leicht jaulenden Ton vorgebrachte Oh! ist unnachahmlich. Seine müde, etwas monotone Stimme hat einen kleinen fremden Akzent. Er sieht mich mit freundlicher Erwartung an.

Über das Benehmen meines Besuchers doch ein wenig erstaunt, wiederhole ich: „Sehr angenehm. Aber darf ich Sie fragen —"

Da werde ich sogleich mit seinem „Oh!" unterbrochen: „Bitte fragen Sie mich nicht." Und dann beginnt er, seine Geschichte zu erzählen, die er anscheinend schon hundertmal vorgebracht hat: „Ich bin nämlich ausgestopft!"

„Aber — erlauben Sie mal!"

Das eigentümliche Wesen, das mich überlegen fixiert, beachtet den Einwurf nicht, sondern fährt unbeirrt fort: „Erschrecken Sie nicht, weil ich eine Art Automat bin, eine Maschine in Menschenform, ein Ersatz sozusagen. Mr. Tobias Hull existiert wirklich. Der Chef einer großen Fabrik zur Herstellung von mechanischen Doppelgängern. Ich bin, wie sagt man, seine Projektion, ja, Agent in Propaganda. Ich kann Ihnen natürlich meinen Mechanismus im einzelnen nicht erklären — Sie verstehen: Fabrikationsgeheimnis! Aber wenn Sie daran denken, daß die meisten Menschen heutzutage ganz schablonenmäßig leben, handeln und denken, dann werden Sie sofort begreifen, worauf sich unsere Theorie gründet! Herz und Verstand werden bei uns ausgeschaltet. Sie sind es ja, die im Leben so oft die störenden Komplikationen hervorrufen. Bei uns ersetzt die Routine alles. Sehr einleuchtend, nicht wahr?"

Ich nickte verstört.

„Oh! Mein Inneres ist ein System elektrischer Ströme, automatischer Hebel, großartig! Eine Antennenkonstruktion, die auf die feinsten Schwingungen reagiert. Sie läßt mich alle Funktionen eines menschlichen Wesens verrichten, ja, in gewisser Weise noch darüber hinaus. Sie sehen selbst, wie gut ich funktioniere."

Zweifelnd, mißtrauisch betrachte ich das seltsame Geschöpf. „Unmöglich!" sage ich. „Ein Taschenspielertrick. Sehr apart. Indessen —"

„Oh! Ich kann mich in sieben Sprachen verständigen. Wenn ich zum Beispiel den obersten Knopf meiner Weste drehe, so spreche ich fließend englisch, und wenn ich den nächsten Knopf berühre, so spreche ich fließend französisch, und wenn ich –"

„Das ist wirklich erstaunlich!"

„Oh! In gewisser Weise; vor allem aber angenehm. Wünschen Sie ein Gespräch über das Wetter, über Film, über Sport? Über Politik oder abstrakte Malerei? Fast alle Themen und Vokabeln des modernen Menschen sind in mir vorrätig. Auch eine Spule von Gemeinplätzen läßt sich abrollen. Alles sinnreich, komfortabel und praktisch. Wie angenehm wird es für Sie sein, wenn Sie sich erst einen mechanischen Doppelgänger von sich halten – oder besser, wenn Sie gleich zwei Exemplare von sich zur Verfügung haben. Sie könnten gleichzeitig verschiedene Dienstreisen unternehmen, an mehreren Tagungen teilnehmen, überall gesehen werden und selber obendrein ruhig zu Hause sitzen. Sie haben einen Stellvertreter Ihres Ich, der Ihre Geschäfte wahrscheinlich besser erledigt als Sie selbst. Sie werden das Doppelte verdienen und können Ihre eigene Person vor vielen Überflüssigkeiten des Lebens bewahren. Ihr Wesen ist vervielfältigt. Sie können sogar sterben, ohne daß die Welt etwas davon merkt. Denn wir Automaten beziehen unsere Existenz aus jeder Begegnung mit wirklichen Menschen."

„Aber dann werden ja die Menschen allmählich ganz überflüssig."

„Nein. Aus eben diesem Grunde nicht. Zwei Menschenautomaten können mit sich selber nur wenig anfangen. Haben Sie also einen Auftrag für mich?"

Mit jähem Ruck sprang das Wesen auf und sauste im Zimmer hin und her.

„Oh! Wir können auch die Geschwindigkeit regulieren. Berühmte Rennfahrer und Wettläufer halten sich schon Doppelgänger-Automaten, die ihre Rekorde ständig steigern."

„Phantastisch! Man weiß bald nicht mehr, ob man einen Menschen oder einen Automaten vor sich hat."

„Oh!" zischte es an mein Ohr, „das letzte Geheimnis der Natur werden wir nie ergründen. – Darf ich also ein Duplikat von Ihnen herstellen lassen? Sie sind nicht besonders kompliziert zusammengesetzt, das ist günstig. Das hineingesteckte Kapital wird sich bestimmt rentieren. Morgen wird ein Herr kommen und Maß nehmen."

„Die Probe Ihrer Existenz war in der Tat verblüffend, jedoch –" Mir fehlten die Worte, und ich tat so, als ob ich überlegte.

„Jedoch, sagen Sie nur noch: Der Herr, der morgen kommen soll, ist das nun ein Automat oder ein richtiger Mensch?"

„Ich nehme an, noch ein richtiger Mensch. Aber es bliebe sich gleich. Guten Tag."

Mr. Tobias Hull war fort. Von Einbildung kann keine Rede sein, die Sekretärin ist mein Zeuge. Aber es muß diesem Gentlemangeschöpf unmittelbar nach seinem Besuch bei mir etwas zugestoßen sein, denn weder am nächsten noch an einem späteren Tag kam jemand, um für meinen Doppelgänger Maß zu nehmen. Doch hoffe ich, wenigstens durch diese Zeilen die Aufmerksamkeit der Tobias-Hull-Gesellschaft wieder auf meine Person zu lenken.

Denn eines weiß ich seit jener Unterhaltung gewiß: Ich bin inzwischen vielen Menschen begegnet, im Theater und im Kino, bei Versammlungen und auf Gesellschaften, im Klub und beim Stammtisch, die bestimmt nicht sie selber waren, sondern bereits ihre mechanischen Doppelgänger.

Siegfried Lenz Die große Konferenz

Manchmal, wie die Erfahrung zeigt, glaubt man etwas zu besitzen, nur weil man sich an den Gedanken des Besitzes gewöhnt hat. Dieser Tatbestand war gegeben im Fall der sogenannten Suleyker Poggenwiese, eines moorigen Landzipfelchens, das erfüllt war vom quakenden Palaver der Frösche, vom einzelgängerischen Brummen der Hummeln, vom unablässigem Gepieps und Gezirp. Die Suleyker, sie sahen nämlich die Poggenwiese als ihren rechtmäßigen Besitz an, weshalb sie ohne Arg hinaufließen ihre berühmten Schafe, ihre Schimmel, ihre Kühe, ganz zu schweigen von den Enten, die es unaufhaltsam zu den Gräben zog.

Es ging gut, sagen wir mal – aber niemand hat die Jahre gezählt, wie lange es gutging. Eines Tages nun zog sich ein Mensch aus Schissomir, Edmund Piepereit mit Namen, seine Schuhe aus, watete in so einen Graben hinein und schnappte sich ein ansehnliches Suleyker Erpelchen unter dem Hinweis, daß die Poggenwiese, von Rechts wegen, zu Schissomir gehöre. Und daher, meinte dieser Mensch, könne er betrachten das Erpelchen gewissermaßen als Strandgut.

Jetzt möchte man wohl wissen, wie sich Suleyken verhielt. Na, zunächst drang es auf Vergeltung, dann horchte es auf, und nachdem es auch herumgehorcht hatte, stellte sich ein eine schmerzhafte Ratlosigkeit. Denn die sogenannte Poggenwiese hatte sich herausgestellt als umstrittener Besitz – worunter zu verstehen ist, daß sowohl Suleyken als auch Schissomir besagte Wiese als ihr Eigentum ansahen.

Da nun aber, wie es jedermann einleuchtete, eine Wiese nicht haben kann zwei Herren, wurde das einberufen, was sich in ähnlichen Fällen schon wiederholt bewährt hat: nämlich eine Konferenz. Diese Konferenz, sie sollte stattfinden in Schissomir, sollte den Streit schlichten und die Poggenwiese dem zusprechen, der die besten Worte finden konnte für den Nachweis des Besitzes. Alles in allem, wie man es sich denken kann, weckte diese Konferenz auf beiden Seiten große Erwartungen.

Nun wurde in Suleyken ein Vertreter gewählt, von dem zu hoffen war, daß er die besten Worte finden würde zum Nachweis des Besitzes. Es liegt nicht nur auf der Hand, daß niemand anderes gewählt wurde als mein Großvater, Hamilkar Schaß, der sich durch angespannte Lektüre geradezu den Ruf eines Suleyker Schriftgelehrten erworben hatte. Gut. Wer Suleyken kennt, wird jetzt nicht allzu kleinlich sein in der Vorstellung, was meinem Großväterchen, Hamilkar Schaß, mitgegeben wurde als Ausrüstung: Kniestrümpfe aus Schafwolle und Briefmarken, Rauchfleisch und Sicherheitsnadeln, Ohrenschützer, ein Gesangbuch, Streuselkuchen, eine ganz neue Peitsche, ferner zwei Kilo ungesponnene Schafwolle, ein Leibriemen und, natürlich, Lektüre über Lektüre, welche sich vornehmlich zusammensetzte aus älteren, aber geschonten Exemplaren des Masuren-Kalenders. Nimmt man das Ganze zusammen, so waren es ungefähr zwei Fuhrwerke voll, die mein Ahn als Ausrüstung für die Konferenz erhielt.

Hamilkar Schaß, mein Großväterchen, hielt es indes für besonders notwendig, zur Konferenz ein Tütchen Zwiebelsamen mitzunehmen, und zwar aus dem Grunde, weil er dem Glauben anhing, Zwiebeln seien gut zur Beflügelung des Geistes. Er pflegte sie mit der gleichen Leidenschaft zu essen, mit der er sich auf seine Lektüre warf, und er weigerte sich abzureisen, bevor nicht die entsprechenden Tütchen mit den Zwiebelsamen vorhanden waren. So, und dann reiste er ab, begleitet von den Segenswünschen und Hochrufen der Suleyker, reiste mitten hinein in die Höhle des Löwen von Schissomir.

Schissomir: es hatte vollauf erfaßt. Sinn und Bedeutung solch einer Konferenz, wofür man, in Zweifelsfällen, nur folgende Tatsachen ins Auge zu fassen braucht: erstens wurde meinem Großvater zugewiesen eins der ansprechendsten Häuschen von ganz Schissomir, zweitens ein Gärtchen dazu, drittens allerhand ausgesuchte Bequemlichkeiten wie ein Badezuber mit Bürste, ein Stück Seife, ein Bänkchen vor dem Haus zum Nachsinnen, und, nicht zu vergessen, Moos zwischen den Doppelfenstern, für den Fall, daß es im Winter zieht. Man ließ ihm Zeit sich einzurichten, drängte ihn überhaupt nicht, und mein Großväterchen ging, um sich innerlich einzustellen auf die Konferenz, einige Wochen müßig.

Dann aber war es soweit: die Konferenz wurde bestimmt und festgesetzt.

Sie war festgesetzt auf sechs Uhr in der Früh' – man wollte frisch und ausgeruht sein. Es saßen sich gegenüber Hamilkar Schaß aus Suleyken und Edmund Piepereit aus Schissomir, derselbe, der das Erpelchen von einem der Gräben als Strandgut nach Hause getragen hatte. Die erste Sitzung, wenn man so sagen darf, nahm folgenden Verlauf: man begrüßte sich, aß eine riesige Pfanne voll Rührei, lachte und sprach über die Aussichten für den Hafer. Und man wäre fast auseinandergegangen, wenn sich jener Piepereit nicht an das Erpelchen erinnert hätte, das sein Weibchen gerade für den nämlichen Abend schmorte. Stand auf, dieser Mensch, nahm sogar eine besondere Feierlichkeit an und sprach so: „Und was übrigens betrifft die Poggenwiese, so gehört sie, wie Augenschein lehrt, nach Schissomir."

Worauf Hamilkar Schaß, mein Großväterchen, in spürbarer Verwunderung den Kopf hob und antwortete: „Ich vermisse", antwortete er, „Edmund Piepereit, die einfachsten Formen der Höflichkeit." Stand damit auf und spazierte zu seinem Häuschen hinüber, wo er einen Spaten nahm, mit diesem in den Garten ging und gemächlich begann, mehrere Zwiebelbeete anzulegen. Da es gerade die Zeit war, säte er die Zwiebelchen aus, die nach der Ernte dienen sollten der Beflügelung seines Geistes. Und als er damit fertig war, setzte er sich auf das Bänkchen zum Nachsinnen.

Den Leuten von Schissomir war solches Treiben nicht verborgen geblieben; sie nahmen es hin und leiteten daraus ab das Verhältnis meines Großvaters zur Zeit. Und sie begannen zu spüren, daß sich dieser Mann auf das Warten verstand.

Nach, sagen wir mal, ein paar weiteren Wochen – die Zwiebelchen schauten schon ins Licht – wurde abermals eine Sitzung anberaumt. Zugegen waren dieselben Herren wie bei der ersten, es wurde auch das gleiche gegessen. Und nach einigen Einleitungsworten ließ sich der erwähnte Piepereit folgendermaßen vernehmen: „Es ist uns", sagte er, „eine Ehre, Gastfreundschaft zu üben gegenüber einem Mann wie Hamilkar Schaß, dem Gesandten aus Suleyken. Und mit ihm ist es sogar eine besondere Ehre, denn er ist in mancher Lektüre bewandert, er kann Worte finden, die kaum ein anderer findet, und schließlich ist bekannt und geschätzt seine Einsicht. An seiner Einsicht zu zweifeln, wird sich niemand unterstehen, und schon gar nicht in dem Fall, wo es sich handelt um die Poggenwiese. Denn seit die Ritterchen hier waren, seit Anno Jagello oder so, hat, wie jeder Einsichtige zugeben wird, die Poggenwiese immer gehört zu Schissomir. Und wenn auch nie viel hergemacht wurde von dem Besitz, es war unsere Wiese und ist, hol's der Teufel, unsere Wiese geblieben mit allem, was darauf herumstolziert oder zu schnattern beliebt. Nur ein Ungebildeter könnte hier zweifeln."

Na, kaum war ihm das entschlüpft, als Hamilkar Schaß, mein Großvater, aufstand, sich höflich verneigte und sprach: „Eigentlich", sprach er, „müßten die Zwiebelchen schon ziemlich weit sein. Habe sie tatsächlich ein paar Tage aus den Augen gelassen. Aber das kann man ja nachholen."

Und schon war er draußen, wackelte zu seinem Gärtchen, setzte sich auf die Bank und beobachtete das Wachstum der Zwiebeln. Unterdessen flanierten die Leute von Schissomir an seinen Zwiebelbeeten vorbei, musterten den eingehend, der da auf dem Bänkchen saß, und verfielen in schwermütige Grübeleien, als sie das zuversichtliche Gesicht von Hamilkar Schaß sahen. Sorge regte sich hier und da – Sorge, weil man erkannt hatte, daß das Häuschen, in dem mein Großvater wohnte, und die ausgewählte Nahrung, die man ihm stellen mußte, immerhin etwas kostete, und zwar mehr, als man ursprünglich gedacht hatte.

Jeder wird es ihnen nachfühlen, daß sie deshalb auf eine dritte Sitzung drangen, welche in liebenswürdiger Weise verlief. Es gab gebratene Ente, es gab Rotwein und Fladen, und hinterher gab man Hamilkar Schaß, meinem Großvater, in versteckter, ja fast vorsichtiger Weise zu bedenken, daß die Poggenwiese von alters her Schissomir gehöre. Er allein wäre imstande, das einzusehen. Worauf Hamilkar Schaß nur sagte: „Die Zwiebelchen", sagte er, „sind jetzt soweit. Ich könnte eigentlich gleich anfangen mit dem Ernten." Worauf er sich höflich verabschiedete und zu seinen Beeten zurückkehrte.

Hat man schon gemerkt, wohin das Ende steuert? Aber ich möchte es trotzdem noch erzählen. Der Herbst ging vorüber, der Winter kam und empfahl sich, schon stand — grüßend, wie man sagt — das Frühjahr vor Schissomir: und immer noch brachten die Sitzungen keine Entscheidung. Jener Piepereit, von der Ungeduld seiner Auftraggeber angesteckt, bot eines Tages ganz überraschend an, die Poggenwiese vielleicht zu teilen — so weit war man schon in Schissomir. Aber Hamilkar Schaß, er verfügte sich sanft und freundlich in sein Gärtchen und zog Zwiebeln zur Beflügelung seines Geistes.

Aber schließlich passierte es dann: im frühen Frühjahr, bevor ein anderer daran dachte, fand sich mein Großväterchen im Garten ein, um seine Zwiebelchen für den nächsten Herbst zu bauen. Arbeitete so ganz treuherzig und unschuldig vor sich hin, als Edmund Piepereit unverhofft auftauchte und, mit einigermaßen schreckerfülltem Gesicht, bemerkte: „Du gibst dir, Hamilkar Schaß, wie man sieht, viel Mühe beim Säen von Zwiebeln." Was meinen Großvater veranlaßte zu antworten: „Das ist nur, Edmund Piepereit, damit ich im nächsten Herbst eine gute Ernte habe."

Dieser Piepereit, er zitterte vor diesem Gedanken derart, daß er sich ohne Gruß umwandte, jene aufsuchte, die einer Meinung mit ihm gewesen waren, und ihnen auseinandersetzte, was ihn beschäftigte. Und so kam es, daß sich Schissomir bereit fand, Suleyken die Poggenwiese zuzuerkennen für den Fall, daß Hamilkar Schaß, mein Großvater, auf die Zwiebelernte verzichtete. Was er auch tat.

Muß ich erzählen, welch ein Empfang ihm zuteil wurde, als er nach Suleyken zurückkehrte? Nur so viel möchte ich noch verlauten lassen, daß, auf allgemeinen Beschluß, der Poggenwiese ihr Name genommen und nach langer Gedankenarbeit geändert wurde in Hamilkars Aue — zur Erinnerung an den Sieg in der großen Konferenz von Schissomir.

Biographische und bibliographische Angaben

Hans Bender
* am 1. 7. 1919 in Mühlhausen (Kraichgau), studierte Literatur und Kunstgeschichte in Erlangen und Heidelberg, war fünf Jahre Soldat und kehrte 1949 aus sowjetischer Kriegsgefangenschaft zurück. Er war Feuilletonredakteur der „Deutschen Zeitung", Chefredakteur von „magnum" und ist seit 1968 alleiniger Herausgeber der literarischen Zeitschrift »Akzente«. Als Redakteur und Herausgeber, auch von Anthologien und Lyrik-Reihen, förderte Bender junge Talente.

WERKE

ROMAN: Eine Sache wie die Liebe, 1954 – Wunschkost, 1959.
ERZÄHLUNG: Die Hostie, 1953 – Wölfe und Tauben, 1957 – Das wiegende Haus, 1961 – Mit dem Postschiff, 1962 – Die helle Sonne, 1967.
LYRIK: Fremde soll vorüber sein, 1951 – Lyrische Biographie, 1957.
SAMMLUNG: Worte, Bilder, Menschen, 1969 – Widerspiel. Deutsche Lyrik seit 1945, 1962 – Klassiker des Feuilletons, 1965.

Wolfgang Borchert
* am 21. 5. 1921 in Hamburg, † am 20. 11. 1947 in Basel. Der „Dichter einer verratenen Generation" war zuerst Buchhändler, dann Schauspieler in Lüneburg, kam 1941 als Soldat an die Ostfront, wo er schwer verwundet wurde. Angeblich staatsgefährdende Äußerungen in Briefen („Zersetzung der Wehrkraft") wurden mit acht Monaten Haft geahndet. Er wurde zum Tode verurteilt, die Strafe aber in „Frontbewährung" umgewandelt. Wegen seines schlechten Gesundheitszustandes wurde er schließlich entlassen. In Hamburger Kabaretts trug Borchert eigene Gedichte vor. Denunzianten erwirkten erneute Inhaftierung, diesmal in Berlin-Moabit. Im Frühjahr 1945 kam er wieder an die Front; dann kehrte der an Leib und Seele Gebrochene in die Trümmer von Hamburg zurück. Es verblieben ihm kaum zwei Jahre zum Schreiben. Die Erfahrungen der grauenvollen Kriegsjahre auf der Seite eines Staates der Willkür waren so tiefgreifend, daß alle seine Geschichten wie auch sein Drama „Draußen vor der Tür", sein ganzes Werk vom Elend der Hungernden und Kriegskrüppel kündete, von Heimkehrern und Heimatlosen, „von denen insgesamt, die der Krieg, das seuchige, kraftstrotzende Tier, verunstaltete und verdarb". Borchert starb während eines Kuraufenthaltes in der Schweiz, einen Tag vor der Uraufführung seines einzigen Dramas „Draußen vor der Tür".

WERKE

DRAMA: Draußen vor der Tür, 1947.
ERZÄHLUNG: Die Hundeblume, 1947 – An diesem Dienstag, 1947 – Die traurigen Geranien und andere Geschichten aus dem Nachlaß, 1962.
LYRIK: Laterne, Nacht und Sterne, 1946.
DAS GESAMTWERK, 1949.

Gerd Gaiser
* am 15. 9. 1908 in Oberriexingen an der Enz/Württemberg, besuchte die Kunstakademien in Stuttgart und Königsberg, die Hochschulen in Dresden und Tübingen und wurde Kunsterzieher. Im Zweiten Weltkrieg war er

Fliegeroffizier, zuletzt in italienischer Gefangenschaft. Einige Zeit hielt er sich in Italien als Maler auf; größere Reisen als Maler und Kunsthistoriker u. a. in Spanien, Frankreich, Holland. 1949–1962 war Gaiser Studienrat in Reutlingen, wurde dann Dozent an der dortigen Pädagogischen Hochschule.
WERKE
ROMAN: Eine Stimme hebt an, 1950 – Die sterbende Jagd, 1953 – Das Schiff im Berg, 1955 – Schlußball, 1958.
ERZÄHLUNG: Zwischenland, 1949 – Einmal und oft, 1956 – Gianna aus dem Schatten, 1957 – Aniela, 1958 – Revanche, 1959 – Gib acht in Domokosch, 1959 – Am Paß Nascondo, 1960 – Gazelle, grün, 1965 – Der Mensch, den ich erlegt hatte, 1966 – Vergeblicher Gang, 1967 – Merkwürdiges Hammelessen, 1971 – Alpha und Anna. Geschichten einer Kindheit, 1976.
LYRIK: Reiter am Himmel, 1941.
ESSAY: Moderne Kunst, 1958 – Klassiker der modernen Malerei, 1962 – Alte Meister der modernen Malerei, 1963.
REISEBERICHT: Sizilianische Notizen, 1959.

Hermann Kasack
* am 24. 7. 1896 in Potsdam, † am 10. 1. 1966 in Stuttgart, studierte Germanistik, war dann Verlagslektor, zunächst bei Kiepenheuer (1920—1925), seit 1926 bei S. Fischer, seit 1941 als Nachfolger Oskar Loerkes beim Suhrkamp-Verlag. Ab 1949 lebte er als freier Schriftsteller in Stuttgart; 1953 wurde er Präsident der Deutschen Akademie für Sprache und Dichtung.
WERKE
ROMAN UND ERZÄHLUNG: Die Heimsuchung, 1919 – Tull, der Meisterspringer, 1935 (Jugendbuch) – Die Stadt hinter dem Strom, 1947 – Der Webstuhl, 1949 – Das große Netz, 1952 – Fälschungen, 1954.
DRAMA: Die tragische Sendung, 1920 – Die Schwester, 1920 – Vincent, 1924 (um van Gogh).
LYRIK: Der Mensch, 1918 – Die Insel, 1920 – Der Gesang des Jahres, 1921 – Stadium, 1921 – Echo, 1933 – Das ewige Dasein, 1943 – Aus dem chinesischen Bilderbuch, 1955 – Antwort und Frage, 1961 – Wasserzeichen, 1964.
ESSAY: Oskar Loerke, 1951 – Mosaiksteine, 1956.

Marie Luise Kaschnitz
* am 31. 1. 1901 in Karlsruhe, † 11. 10. 1974. Sie wuchs in Potsdam und Berlin auf, wurde in Weimar und München als Buchhändlerin ausgebildet. 1925 heiratete sie in Rom den Wiener Archäologen Guido von Kaschnitz-Weinberg. Sie lebte in Rom, Königsberg, Frankfurt am Main und wieder in Rom bis zum Tod ihres Mannes 1958.
WERKE
LYRIK: Gedichte, 1947 – Totentanz und Gedichte zur Zeit, 1947 – Zukunftsmusik, 1950 – Ewige Stadt, 1952 – Neue Gedichte, 1957 – Dein Schweigen - meine Stimme, 1962 – Ein Wort weiter, 1965 – Überallnie: Ausgewählte Gedichte, 1928-1965, 1965 – Gesang vom Menschenleben, 1974.
DRAMA: Totentanz, 1946.
ROMAN: Liebe beginnt, 1933 – Elissa, 1936.

ERZÄHLUNG: Das dicke Kind, 1952 – Lange Schatten, 1960 – Wohin denn ich, 1963 (autobiographisch) – Ferngespräche, 1966 – Vogel Rock, 1969 – Steht noch dahin, 1970.
BIOGRAPHIE: Gustave Courbet, 1949 (als: Die Wahrheit, nicht der Traum. Das Leben des Malers Courbet, 1967).
AUTOBIOGRAPHISCHES: Engelsbrücke, Römische Betrachtungen, 1955 – Das Haus der Kindheit, 1956 – Beschreibung eines Dorfes, 1966 – Tage, Tage, Jahre, 1968 – Orte, Aufzeichnungen, 1973.
ESSAY: Griechische Mythen, 1943 – Menschen und Dinge, 1945 – Die Umgebung von Rom, 1960 – Eichendorff, 1969.
Ferner zahlreiche HÖRSPIELE.
Nicht nur von hier und heute (Auswahl PROSA und LYRIK), 1971.

Werner Klose

* am 20. 3. 1923 in Hünern/Niederschlesien, Abitur in Breslau. War von 1940–1945 Soldat. Studierte Germanistik, Geschichte und Philosophie in Breslau und Kiel. Ab 1950 Lehrer für Deutsch und Geschichte am Gymnasium in Schleswig, lebt heute als Studiendirektor im Nordseebad St. Peter-Ording. Schrieb Erzählungen, Hörspiele und Fachbücher. Mitarbeit an Zeitschriften und Zeitungen, Mitherausgeber des „Handbuchs zur modernen Literatur im Deutschunterricht", Hirschgraben-Verlag, Frankfurt am Main.

WERKE
ROMAN: Jenseits der Schleuse, 1953.
ERZÄHLUNG: Sonderauftrag in C., 1954 – Markgraf Willehalm (Jugendbuch), 1955 – Das große Karussell, 1959.
HÖRSPIEL: Reifeprüfung, 1960.
BERICHT: Hitler, ein Bericht für junge Staatsbürger, 1962 – Generation im Gleichschritt. Die Hitler-Jugend, 1964 – Freiheit schreibt auf eure Fahne. 800 Jahre deutsche Studenten, 1967.
ESSAY: Das Hörspiel im Unterricht, 1958, 4. Auflage 1973 – Hör- und Fernsehspiele in der Schule, 1971 – Die Sprache des Schlagers, 1972 – Didaktik des Hörspiels, 1974.
JUGENDSACHBUCH: Skandal und Politik, 1971.

Elisabeth Langgässer

* am 23. 2. 1899 in Alzey, † am 25. 7. 1950 in Rheinzabern, war nach pädagogischer Ausbildung fünf Jahre Lehrerin in Hessen. Sie zog 1929 nach Berlin und lebte dort – nach kurzer Lehrtätigkeit an der sozialen Frauenschule – als freie Schriftstellerin. 1935 heiratete sie den Philosophen Dr. Wilhelm Hoffmann und wurde Mutter von vier Töchtern. Als Halbjüdin erhielt sie 1936 Berufsverbot. Im Zweiten Weltkrieg zwangen sie die Nationalsozialisten, in einer Fabrik zu arbeiten; ihre älteste Tochter wurde in das Konzentrationslager Auschwitz verschleppt. 1948 kehrte Elisabeth Langgässer mit ihrer Familie in die rheinpfälzische Heimat zurück, schon an multipler Sklerose erkrankt. In ihrem Todesjahr wurde sie mit dem Georg-Büchner-Preis ausgezeichnet.

WERKE
LYRIK: Der Wendekreis des Lammes, 1924 – Die Tierkreisgedichte, 1935 – Der Laubmann und die Rose. Ein Jahreskreis, 1947 – Kölnische Elegie, 1948 – Gedichte (Gesammelte Werke), 1959.

ERZÄHLUNG: Grenze, Besetztes Gebiet, 1932 – Triptychon des Teufels, 1932 – Proserpina, 1933 – Rettung am Rhein, 1938 – Der Torso, 1947 – Das Labyrinth, 1949.
ROMAN: Gang durch das Ried, 1936 – Das unauslöschliche Siegel, 1946 – Märkische Argonautenfahrt, 1950.
ESSAY: Geist in den Sinnen behaust (Aus dem Nachlaß), 1951 – Das Christliche in der christlichen Dichtung, 1961.
BRIEFE: ... soviel berauschende Vergänglichkeit, 1954.
GESAMMELTE WERKE 1959 im Claassen Verlag, Hamburg.

Siegfried Lenz
* am 17. 3. 1926 in Lyck/Ostpreußen, wuchs in Masuren auf, studierte nach Kriegsende in Hamburg Anglistik, war zeitweise Feuilletonredakteur. Lebt als freier Schriftsteller in Hamburg. Lenz ist als Essayist, Dramatiker, Hörspielautor, besonders aber als Erzähler (Roman und Erzählung) einer der bekanntesten Schriftsteller in der Bundesrepublik Deutschland.
WERKE
ROMAN: Es waren Habichte in der Luft, 1951 – Duell mit dem Schatten, 1953 – Brot und Spiele, 1954 – Der Mann im Strom, 1957 – Stadtgespräch, 1963 – Deutschstunde, 1968 – Das Vorbild, 1973.
ERZÄHLUNG: So zärtlich war Suleyken. Masurische Geschichten, 1955 – Jäger des Spotts. Geschichten aus dieser Zeit, 1958 – Das Feuerschiff, 1960 – Stimmungen der See, 1962 – Lehmanns Erzählungen oder So schön war mein Markt. Aus den Bekenntnissen eines Schwarzhändlers, 1964 – Der Spielverderber, 1965 – Leute von Hamburg, 1968 – Gesammelte Erzählungen, 1970 – Einstein überquert die Elbe bei Hamburg, 1975 – Der Geist der Mirabelle. Geschichten aus Bollerup, 1975.
DRAMA: Zeit der Schuldlosen, 1961 – Das Gesicht, 1964 – Die Augenbinde, 1970.
Ferner HÖRSPIELE, HÖRBILDER und RUNDFUNKESSAYS.

Theodor Weißenborn
* am 22. 7. 1933 in Düsseldorf, studierte Kunstpädagogik, Philosophie, Germanistik, Romanistik und medizinische Psychologie in Düsseldorf, Bonn, Würzburg, Lausanne und Köln. Weißenborn lebt heute als freier Schriftsteller auf Hof Raskop/Eifel.
WERKE
ROMAN: Außer Rufweite, 1964.
ERZÄHLUNG: Beinahe das Himmelreich, 1963 – Eine befleckte Empfängnis, 1969 – Die Stimme des Herrn Gasenzer, 1970 – Das Liebe-Haß-Spiel, 1973 – Blaue Bohnen - scharfe Messer. Sechs ungewöhnliche Kriminalgeschichten, 1976.
Ferner PARODIEN und zahlreiche HÖRSPIELE.

INHALT